MARIANNE SALENTIN-TRÄGER

# MOOD BOARDS

## WÜNSCHE VISUALISIEREN UND VERWIRKLICHEN

Für Charlotte, Katharina, Emily, Caetana,
Lavinia, Mina, Luka, Greta und Oskar

# INHALT

# ICH MUSS MEIN LEBEN ÄNDERN

**Es gibt Momente im Leben, in denen man das Gefühl hat, den Boden unter den Füßen zu verlieren, oder einfach nicht mehr weiter weiß. Oft fehlt die Idee wie man weitermachen soll. Dabei unterschätzen wir unsere innere Kraft, Dinge ändern zu können!**

»Was ist denn die größte Lüge der Welt?«, fragte der Jüngling den Fremden überrascht. »Es ist diese: In einem bestimmten Moment unserer Existenz verlieren wir die Macht über unser Leben, und es wird dann vom Schicksal gelenkt. Das ist die größte Lüge der Welt.«

Dieses Zitat aus dem Buch »Der Alchimist« von Paolo Coelho beschäftigt mich bis heute.

Denn wie wahr diese Zeilen sind, habe ich am eigenen Leib erfahren. Unaufhaltsam wie eine Lawine rollte die Nachricht nach Pfingsten 2008 in mein Leben: Brustkrebs! Wie viele in dieser Situation fragte ich mich – wieso ich? Augenblicklich wurde mir bewusst, wie sehr ich durch mein Leben hetzte, To-Do-Listen abarbeitete und die wirklich wichtigen Dinge hintan-

# » *DU MUSST DEIN LEBEN ÄNDERN!* «

*RAINER MARIA RILKE*

stellte. Meine Kinder waren noch so jung und mich überkam Panik. Mit dieser Nachricht hatte mein Leben urplötzlich einen ganz anderen Verlauf genommen als geplant und ich wurde regelrecht aus der Bahn geworfen. Ich fühlte mich hilflos, ausgeliefert, und die Wochen des Wartens bis zur OP drohten mich wahnsinnig zu machen. Da nahm ich die Einladung meiner Freundin, zu ihr nach Ungarn zu kommen, dankbar an. Ich liebe das Reisen, die Gelegenheit, andere Menschen, Kulturen und Länder kennenzulernen. Die Möglichkeit, über den Tellerrand zu schauen und den eigenen Horizont zu erweitern, eröffnet neue Blickwinkel, macht toleranter und geduldiger – und am Ende freut man sich auch wieder auf Zuhause. Doch der

sonst so freudige Ausflug an den Balaton, die Spaziergänge durch die Weinreben mit dem herrlichen Blick über den Balaton-See konnten mich nicht beruhigen. Immer wieder krochen Gedanken der Angst in mein Bewusstsein. Wie würde es weitergehen? Wie sollte ich das nur schaffen? Wie wird es den Kindern ergehen? Was würde künftig wirklich wichtig sein? Am liebsten hätte ich meinen Körper im Krankenhaus abgegeben und ihn repariert wieder abgeholt.

Es brauchte eine Weile, bis mir klar wurde, dass ich nur eine Möglichkeit hatte, das Bevorstehende anzugehen: mich der Situation zu stellen und einen Schritt nach dem anderen zu gehen. Zum ersten Mal in meinem Leben war ich krankgeschrieben. Sechs Wochen nach der Diagnose wurde der Tumor entfernt und danach schloss sich eine drei Monate dauernde Therapie an. Die täglichen Fahrten zwischen Zuhause und Krankenhaus gaben mir das Gefühl, gefangen zu sein, eingesperrt wie in einem Hamsterrad. Ich wollte mich nicht über meine Krankheit unterhalten und auch keine Krankengeschichten von anderen hören. Daher mied ich den Wartebereich der Onkologie, kam pünktlich zu meinen Terminen und fuhr danach sofort zurück nach Hause. Den Rest der Tage versuchte ich darüber nachzudenken, was ich in Zukunft machen könnte, aber mir fiel einfach nichts Besseres ein, als mich und meine Situation zu bedauern. Nur eines wollte ich unbedingt: das Heft des Handelns wieder in die Hand nehmen. Aber wie?

Nachdem ich das Buch von Hape Kerkeling »Ich bin dann mal weg. Meine Reise auf dem Jakobsweg« gelesen hatte, überkam mich der unbändige Drang, laufen zu wollen. Ich kaufte mir Wanderkarten, Wanderbekleidung und einen Rucksack. Am ersten Wochenende im Oktober, drei Tage nach der letzten Behandlung, startete ich in Begleitung meiner »großen«

Schwester Sonja (sie wollte mich nicht alleine durch die dunklen Wälder laufen lassen) und von Vizsla-Hündin Cleo meinen 10-tägigen Jakobsweg. Jedoch nicht Spanien, sondern der Rheinsteig war unser Ziel, von Hofheim am Taunus in Richtung Bonn. Endlich gehen, wann und wohin ich wollte, so schnell und solange ich konnte, jeden Tag an einem anderen Ort, fast planlos, aber mit Handy. Seitdem weiß ich, dass Deutschland schöne Wanderwege hat. Ich muss wohl ein irres Tempo vorgelegt haben, denn am dritten Tag zog meine Schwester die Reißleine und fuhr erschöpft heim. Sie war nun sicher, dass ich das im Alleingang schaffen würde. Jeder hat nun mal seine eigene Geschwindigkeit und in manchen Situationen ist ein Kompromiss einfach nicht möglich. Jetzt nur noch in Begleitung von Cleo, setzte ich meinen Jakobsweg entlang des Rheins in unvermindertem Tempo fort. Zu dieser Jahreszeit erwarten einen dort am Morgen herbstlich frische Temperaturen mit mächtigen Nebelschwaden über dem Fluss. Auf der Höhe angelangt, fühlt man die ersten Sonnenstrahlen auf der Haut und freut sich über einen weiteren, goldenen Oktobertag in der Natur des Rheintals. Oft wehmütig und manchmal heulend hielt ich am Wegesrand inne, jedoch von Herzen dankbar für mein Leben und die Möglichkeit dieser Freiheit, setzte ich meinen Weg mit einem Lächeln fort. Ich hatte keine Ahnung, wohin mich das bringen würde, jedoch eines wusste ich genau: dass ich nicht mehr so weitermachen wollte wie bisher. Aber was wollte ich denn eigentlich?

## DAS GESETZ DER ANZIEHUNG

Auf der Suche nach neuen Impulsen deckte ich mich für die folgenden Wintermonate mit allen Selbsthilfe-Ratgebern ein, die mir in die Finger kamen. Ich fühlte mich wie auf einem Floß ohne Ruder, sprach deshalb regelmäßig mit meiner Psychotherapeutin und häufig mit guten Freunden. Denn ich war wild entschlossen, das Steuerruder meines Lebens wieder zu übernehmen.

In der Hoffnung, Inspiration für meinen künftigen Weg zu finden, verschlang ich ein Buch nach dem anderen. Im Anhang finden Sie eine Liste der Bücher, die mich in den vergangenen Jahren besonders in-

spirierten. Mein Dank gilt all diesen Autorinnen und Autoren für ihre positiven Denkanstöße, neuen Sichtachsen und Entscheidungshilfen. Wenn ich jedoch jeden einzelnen Rat befolgen würde, wäre ich völlig überfordert. Am Ende muss jeder für sich entscheiden, welcher Weg der richtige für einen selbst ist. Und auf die Spur meines Wegs brachte mich die Lektüre des Bestsellers »The Secret« von Ronda Byrne. Dort stieß ich auf den bekannten US-amerikanischen Coach John Assaraf. Er vertritt die Ansicht, dass, wenn man wisse, was man wirklich wolle, man auch in der Lage sei, eines der großartigsten Gesetze im Universum aufzurufen: das Gesetz der Anziehung.

Dieses Gesetz besagt, dass man das anzieht, auf was man die meiste Aufmerksamkeit richtet, im Positiven wie im Negativen. 1995 hatte John Assaraf begonnen, Dinge, die er sich im Leben wünschte, als Gedankenstütze auf Vision-Boards/Moodboards (also Ziel- bzw. Traumcollagen) festzuhalten und täglich zu betrachten, also zu visualisieren. Besonders wichtig war ihm, dabei das positive Gefühl zu entwickeln, das Gewünschte bereits erhalten zu

# Philosophie

Historische Hülle mit neuem Inhalt

Stolz der Kölner werden

Respekt vor dem Bestand

Ehemaliges Bahndirektionsgebäude
erbaut 1906 - 1913

ohne Herkunft keine Zukunft

Sahnestück unter den
Bahnimmobilien

Historische Werte
bilden Charakter

neues Grandhotel
mit Seele

*80 Jahre
Marke Steigenberger*

Glanzvolle
Fortführung
der Qualität

Grand Hotel Wien
*...rische Metropole*

Grand Hotel Locarno Tessin
*Lago Maggiore, Alpennähe*

Grand Hotel Heiligendamm
*Bad Doberan, Ostsee*

...tezeit der Grand Hotels: *La Belle Epoque*
um die Jahrhundertwende

...ehung in **Metropolen & an Treffpunkten der**
...ungsfähigen Gesellschaft, v.a. Kurorte wie
...äder oder Luftkurorte, die an landschaftlich
...voller Stelle, wie Alpenpässe, Seeufer oder
Meeresküsten, platziert wurden.

...ließung dieser Regionen durch Eisenbahnbau

...damalige private Eisenbahngesellschaften
...errichten Grand Hotels als Eisenbahnhotels

Symbiose zwischen Erwartungshaltung der Hülle und Zeitgeist

Wen wollen wir als Gast haben?

Emotion
Nostalgie
Sehnsucht

Charme
Klasse
zeitloser Stil

Nicht
modisch
Echt

Zelebri...

Seele

Wertigkeit der Materia...
Überraschung

...einem der quirligsten
...kehrsknotenpunkte
...tschlands

großstädtisch

Thema
Bahn – Reisen – Koffer

Der Aufenthalt als Erlebnis
Erinnerungswerte schaffen

weg von der Schnelllebigkeit
sich Zeit nehmen
abschalten

haben. Von allen Geschichten in diesem Buch hat mich diese tief beeindruckt: Erst nach Jahren und mehreren Umzügen wurde ihm die Kraft des Visualisierens richtig bewusst, als er mit seiner Familie im neuen Heim angekommen war und ihm eines seiner ersten Vision-Boards in die Hand fiel. Er stellte in diesem Augenblick mit großem Erstaunen fest, dass er genau das Haus gekauft und soeben bezogen hatte, das er vor Jahren auf eines seiner ersten Boards gepinnt hatte. Das haute mich förmlich vom Hocker – und im selben Augenblick erschienen vor meinem geistigen Auge die Bilder der Architektur-Moodboards meiner Freundin Bärbel Schwabe. Sie ist eine begnadete Interieur-Designerin und gehört zu den Menschen, deren Fähigkeiten ich sehr bewundere. Bevor wir 1992 unser erstes Haus bezogen, war ich Bärbel zum ersten Mal begegnet. Ich liebte es, den schmalen, langen Flur vor ihrem Atelier entlangzuschlendern und die wunderschön gestalteten Collagen ihrer Projekte zu betrachten. Bereits vor etlichen Jahren hatte sie damit begonnen, die Stimmung ihrer Projekte mit Bildern, farbigen Tuschezeichnungen,

Stoffmustern und Schlagworten vorab auf Moodboards darzustellen. Das gefiel ihren Kunden, die damit eine klare visuelle Vorstellung erhielten, wie die Räumlichkeiten später einmal aussehen würden. Auch ich konnte von diesen schöpferischen Kompositionen nie genug bekommen. Augenblicklich wurde mir klar, dass diese Technik genausogut für andere Ziele und Projekte funktionieren müsste. Wenn ich nun einfach damit beginne, so dachte ich, meine persönlichen Wünsche und Ziele, ob groß oder klein, auf ein Moodboard zu bringen und täglich zu betrachten, wer weiß, was passieren würde …?

## DAS ZIEL VOR AUGEN UND – LOSGEHEN

Moodboards sind seit vielen Jahren unersetzlich bei der kreativen Konzeptentwicklung in der Mode, im Interieur-Design, für die Produktion von Kinofilmen und zur Vorbereitung von Theatervorführungen. Bis zu diesem Moment wäre ich jedoch nie auf die Idee gekommen, persönliche Lebensziele, meine eigenen Projekte und »Herzensangelegenheiten« auf

Moodboards zu bannen. Erst John Assaraf hatte mich auf diese Idee gebracht und ich begann sofort voller Freude und Enthusiasmus mit der Planung meines Moodboards mit den Zielen für das darauffolgende Jahr. Und ich hörte damit nicht wieder auf: In den vergangenen zehn Jahren habe ich mithilfe dieser Technik mein Leben in eine völlig andere Richtung gebracht – eine, die viel besser zu mir passt. Auf diese Weise habe ich für mich die weltgrößte Lüge entlarvt: Wir verlieren nicht die Macht über unser Leben. Nicht das Schicksal, sondern wir selbst bestimmen, wohin unser Weg führt. Wir müssen uns nur über unsere Wünsche im Klaren sein und dann einen Schritt nach dem anderen gehen.

Um unsere Ziele deutlicher zu erkennen und diese anzusteuern, kann für uns ein Hilfsmittel von großem Nutzen sein: das Moodboard. Ich habe mit der Moodboard-Technik unter anderem zwei erfolgreiche Buchprojekte entwickelt, meine neue Wohnung visualisiert und auch sonst mein Leben ziemlich auf den Kopf gestellt. Doch nicht nur ich möchte Ihnen die Kraft des Visualisierens nahebringen. In diesem Buch stellen Ihnen weitere Persönlichkeiten ihre Erfahrungen zur erfolgreichen Umsetzung von Wünschen und Zielen vor.

Wenn Sie ebenfalls neue Wege gehen, einen anderen Blickwinkel einnehmen möchten, ein wenig offener und mutiger werden wollen, nehmen wir Sie gerne mit auf diese Reise in die Welt der kraftvollen Bilder, machtvollen Gedanken und vor allem der dafür relevanten Gefühle. —

# WAS IST EIN MOODBOARD?

In diesem Kapitel erfahren Sie, was genau ein Moodboard ist, in welchen Businessbereichen diese einfache Technik bereits seit vielen Jahren erfolgreich angewandt wird und wie Sie Moodboards für Ihre persönlichen Wünsche und Ziele nutzen können.

Ein Moodboard (engl. mood = Stimmung, board = Tafel) oder auch Vision-Board ist eine Art Collage, eine Zusammenstellung, die dem Betrachter durch visuelle Elemente wie ansprechende Bilder, passende Schlagworte, aber auch durch haptische Bestandteile wie beispielsweise Stoffmuster eine bestimmte Atmosphäre vermittelt.

Mit einem Moodboard werden Zielvorstellungen oder Wünsche dargestellt. Ein Moodboard kann eine Pinnwand sein, eine beliebige eingerahmte Fläche, eine Kartontafel oder auch eine Zimmertür. Die Darstellungen auf dem Board sollten emotional ansprechen und ein positives Gefühl für das angestrebte Ergebnis vermitteln, also beispiels-

# » WAS IHR NICHT MIT LUST TUT, GEDEIHT EUCH NICHT. «

**WILLIAM SHAKESPEARE**

weise für den Gewinn eines Wettbewerbs, den guten Abschluss einer Prüfung oder einen neuen Job. Natürlich funktioniert das auch mit materiellen Wünschen wie beispielsweise einem Auto, einem Haus oder einer Uhr. Vielleicht sehnen Sie sich aber auch nach schönen Momenten mit lieben Menschen an traumhaften Orten der Welt. Grundsätzlich sind Ihren Wünschen keine Grenzen gesetzt.

Das Moodboard ist ein einfaches, aber kraftvolles Werkzeug, das Ihnen helfen kann, Ihren persönlichen Weg zu finden, sich auf ihn zu konzentrieren und Schritt für Schritt in die Tat umzusetzen. Das Moodboard unterstützt Sie dabei, Ihre Ziele im Fokus der Aufmerksamkeit zu halten, denn durch häufiges Betrachten haben Sie diese mit guten Gefühlen verbundenen

Bilder ständig bei sich. Das wird Sie motivieren, die nächste Aktion in die gewünschte Richtung anzugehen. Wenn Sie das, was Sie erreichen wollen, verinnerlichen, ist es zudem viel einfacher, das zu ignorieren, was Sie nicht wollen.

Bereits seit vielen Jahren sind Moodboards ein unersetzliches Arbeits- und Präsentationstool etwa im Marketing, in den Bereichen Mode- und Interieur-Design, bei der Entwicklung von Bühnenbildern für Theater und Oper, aber auch bei der Planung von Kinofilmen.

## AUF DEN LAUFSTEGEN DER WELT

Zweimal im Jahr fiebert die Modewelt den neuen Trends der internationalen Designer auf den Catwalks in Paris, Mailand, London, New York und Berlin entgegen, die in einer

Show innerhalb 10 bis 15 Minuten auf dem Laufsteg präsentiert werden. Haben Sie sich nicht auch manchmal gefragt, wie es möglich ist, innerhalb weniger Monate völlig neue Kollektionen zu entwickeln? Inspiriert von Jahreszeiten, Kulturen und besonderen Orten, sammeln Modedesigner ihre Ideen für die Themen ihrer neuen Kreationen auf Moodboards.

Sie entwickeln mit Zeichnungen den Stil und die Linien, und ergänzt mit Bildern, Mustern von Stoffen, Texturen, Farben, Details und Accessoires entsteht so vorab die wirklichkeitsnahe Vision der neuen Kollektion. Mit einer so einfachen Technik werden die spektakulären Kleidungsstücke für die Laufstege in den Modemetropolen, für Modezeitschriften und das Internet kreiert. Magazine präsentieren regelmäßig im Frühjahr und Herbst komplette Fashion-Moodboards mit aktuellen Styling-Empfehlungen für jedes Alter und die unterschiedlichsten Anlässe. Und am Ende kaufen und tragen wir das, was Fashion-Designer für uns zuvor auf Moodboards kreiert haben. Ich gehöre nicht zu den Frauen, die ganz aus dem Häuschen sind, wenn es ums Shoppen geht.

Während ich diese Zeilen schreibe, überlege ich tatsächlich, als Nächstes ein Moodboard für mein persönliches Styling zu entwickeln. Damit wird die künftige Suche nach dem passenden Outfit bestimmt einfacher. Wäre das auch eine Idee für Sie?

## KEIN FILM OHNE STORYBOARD

»Storyboards« nennt man Moodboards in der Filmbranche. Sie dienen zur Visualisierung von Szenen in Bildsequenzen, sind sozusagen eine gezeichnete Version des gesamten Drehbuchs und wirken teilweise wie ein Comic. Mit solchen skizzenhaften Darstellungen entwickelte schon Walt Disney seine weltberühmten Zeichentrickfilme. Ein Illustrator zeichnet das Board in der Regel nach den Vorgaben des Regisseurs, und auch der Kameramann hat ein Wörtchen mitzureden. Das Storyboard ist eine Kreativtechnik und – wie das Moodboard – ein kraftvolles Tool zur gezielten Entwicklung und Umsetzung von neuen Ideen und Visionen. Durch die emotionale Bildsprache des Konzepts mit Skizzen, Bildern und zahlreichen Details zeigen Storyboards noch vor Drehbeginn viel mehr als nur die Vorgaben für Blickwinkel oder Kameraperspektiven. Ein für mich fühlbares Beispiel einer gelungenen filmischen Umsetzung ist der spektakuläre Klosterkrimi »Der Name der Rose« nach dem gleichnamigen Buch von Umberto Eco. 1986 erwartete ich mit Spannung den unter der Regie von Jean-Jacques Annaud gedrehten Kinofilm, der zu großen Teilen in den Mauern von Kloster Eberbach im Rheingau entstand. Ich war mehr als verblüfft, wie glaubhaft und detailverliebt dieser Film umgesetzt war, was man nicht von vielen Buchverfilmungen sagen kann. Die Interviews mit Beteiligten im Vorfeld ließen nur erahnen, wie präzise die Vorgaben des Regisseurs umgesetzt wurden. Unter Berücksichtigung der Epoche um 1327, in der es weder fließendes Wasser noch Zahnärzte gab, auf authentische Details zu achten – kein einfaches Unterfangen. Noch nie zuvor und auch nicht danach hat mich ein Film dermaßen beeindruckt; die Gesichter der Schauspieler, ihre Haltung, ihre Gestik, die Sprache, Frisuren und Kleider, selbst auf kleinste Details wurde geachtet. Die passenden Locations, die Hinter-gründe, die Dinge des täglichen Lebens und nicht zuletzt die Kameraführung und der Schnitt – insgesamt eine unendliche Herausforderung, die jedoch zeigt, wie mit Hilfe von Storyboards und Moodboards ein Meisterwerk entstehen kann. Ich konnte kaum fassen, wie perfekt der Film mit meiner Vorstellung aus dem Buch übereinstimmte. Seien auch Sie der Regisseur der Story Ihres Lebens und beginnen Sie Ihr erstes Moodboard.

## MOODBOARDS IN DER ARCHITEKTUR

Auch in der Architektur und im Interieur-Design werden Moodboards schon seit vielen Jahren erfolgreich eingesetzt. Sie dienen vor allem der kundennahen Entwicklung von Projekten, beispielsweise für den Vorher-nachher-Effekt bei einem Umbau, denn oft weiß auch der Auftraggeber nicht genau, was er wirklich möchte. Durch den Charme der Bildern, die Haptik der Materialien und anhand von ersten Skizzen mit begleitenden Erklärungen kann der Kunde, auch ohne spezielles Fachwissen zu haben, bereits in einem frühen Planungsstadium eine perfekte Vorstellung

# SEIEN SIE DER REGISSEUR IHRES LEBENS UND BEGINNEN SIE IHR ERSTES MOODBOARD.

davon entwickeln, wie das Ziel aussehen wird. Das gibt ihm unter anderem das gute Gefühl, optimal in die Planung integriert zu sein. Moodboards sind zudem ein zeit- und kostensparendes Arbeitstool, da sie dem eigentlichen Planungs- und Designprozess vorangehen und noch keine aufwendigen finanziellen Entscheidungen getroffen werden müssen. Darüber hinaus helfen Moodboards im Lauf des Projekts allen Beteiligten (Architekten, Handwerkern etc.) bei der Umsetzung der jeweiligen Aufgaben. Die emotionale Bildsprache des Moodboards zeigt die Zielvorstellung und jede nachträgliche Änderung bleibt stets im Fokus. Falls Sie mal wieder Ihr Zuhause umgestalten möchten, beginnen Sie mit einem Moodboard. Auf diese Weise habe auch ich meine Wohnung gestaltet und exakt wie geplant umgesetzt.

## MOODBOARDS BEIM COACHING

Beim Coaching werden in Gesprächen mit Hilfe der Moodboard-Methode Ziele und Wünsche herausgearbeitet und visualisiert. Dabei hilft der Coach dem Coachee, unbewusste Ziele und Gedanken sowie problematische Überzeugungen aufzudecken und anzugehen. Auch für diese Arbeit kommen Bilder, Fotos und Schlagworte sowie haptische Elemente zum Einsatz. Der Coachee wählt dabei selbst, welche Darstellungen er verwenden möchte. Mit dieser Methode können Erinnerungen und Gefühle aufgedeckt werden, die möglicherweise in einem Gespräch nicht zutage treten. Das Moodboard unterstützt den Coachee zudem, seine formulierten Ziele nicht aus den Augen zu verlieren, sie anzugehen und umzusetzen. Diese innovative Methode wird bei Einzel- wie Gruppencoachings, sowohl beruflich als auch persönlich erfolgreich angewendet. Vielleicht wäre ein Self-Coaching bzw. eine Zielklärung mithilfe eines Moodboards etwas für Sie?

## KREIEREN SIE EIGENE PROJEKTE

Im Prinzip lassen sich Moodboards in allen Bereichen Ihres Lebens zum Einsatz bringen. Möglichkeiten gibt es genug, aber viele trauen sich nicht, ihre Ideen und Wünsche anzugehen, weil sie häufig mit finanziellem Aufwand verbunden sind. Mit einem Moodboard können Sie vorab ohne Budget und

**Auf Ihrem Moodboard können Sie alles darstellen, was Sie gerne tun, sein oder haben möchten. Das Moodboard kann Ihnen tatsächlich dabei helfen herauszufinden, was Sie wirklich wollen. Es gibt Klarheit, macht Mut für die nächsten Schritte in Ihrem Leben und es hält Sie auf dem Pfad hin zu Ihren Zielen!**

# MIT EINEM MOODBOARD KÖNNEN SIE VORAB OHNE BUDGET UND WEITERE VERPFLICHTUNGEN EINE ART PROBELAUF STARTEN.

weitere Verpflichtungen eine Art Probelauf starten. Sie werden sehen, wie einfach, freudvoll und erfüllend das sein kann. Neben Magazinen und Büchern ist auch das Internet eine reiche Quelle der Inspiration für Bilder und Schlagworte, die Ihren Wünschen und Zielen entsprechen; Online-Portale wie Pinterest und Houzz sind eine wahre Fundgrube für eine Menge Themen. So können sich mit Unterstützung von Moodboards auch ganz persönliche, noch vage Wunschvorstellungen zu konkreten Projekten entwickeln. Moodboards helfen Ihnen, Ihre Ideen, Wünsche und Bedürfnisse bildlich umzusetzen und so in den Fokus Ihrer Aufmerksamkeit zu bringen. Tägliches Visualisieren lenkt Ihre Energie auf das, was Sie wirklich wollen. Nutzen Sie diese kraftvolle Technik genauso wie die

# EIN MOODBOARD ZU MACHEN, IST EINE FREUDVOLLE AKTION, DIE TATSÄCHLICH FUNKTIONIERT.

Profis und beginnen Sie, einen grundlegenden Transformationsprozess in Gang zu setzen, der Ihr Leben verändern kann.

## MEIN WEG ZUM MOODBOARD

Die stimmungsvollen Moodboards meiner Freundin Bärbel, die ich schon in der Einleitung erwähnt habe, übten schon immer eine magische Anziehungskraft auf mich aus. Und da ich die Ergebnisse der dargestellten Projekte kennengelernt hatte, wusste ich, dass Moodboards tatsächlich funktionieren. Auch wenn ich zu diesem Zeitpunkt noch kein konkretes Ziel formulieren konnte, hatte ich möglicherweise einen Weg für mich gefunden, der mich dort hinführen könnte. Denn wenn das bei John Assaraf und Bärbel Schwabe so funktioniert, dann könnte ich ja – so dachte ich mir damals – ein Moodboard mit meinen nächsten Wünschen kreieren, kleine oder große, um durch Visualisieren mehr Energie auf das zu lenken, was ich wirklich will. Die Begeisterung hatte mich gepackt! Völlig euphorisch besorgte ich mir im Bastelladen eine 50 x 70 cm große Passepartout-Pappe und Klebstoff. Beglückt saß ich an den Tagen zwischen Weihnachten und Neujahr bewaffnet mit einer Schere über einem Stapel meiner Lieblingsmagazine und begann, Bilder, Schlagworte und Zitate auszuschneiden, die mich berührten. Glauben Sie mir, Freude und Begeisterung sind pure Energie! Anschließend sichtete ich meine gesammelten »Fundstücke« und fing an, spielerisch mein Jahr 2009 zu gestalten und zu visualisieren. Das heißt, meinen Bedürfnissen, Ideen und Wünschen mehr und mehr Aufmerksamkeit zu schenken. Vor allem aber, sie nicht mehr aus den Augen zu verlieren. Eine freudvolle Aktion, die tatsächlich funktioniert, wie Sie später noch erfahren werden!

Ein gutes Beispiel dafür ist meine Wohnung, die, als ich sie kaufte, in keinster Weise meinen Vorstellungen von Gemütlichkeit und Ästhetik entsprach. Als Erstes suchte ich nach Bildern von Räumen, die mir besonders gefielen, egal ob deren Ausstattung in mein Budget passte oder nicht. Es ging einfach nur darum, alles zu sammeln, was ein Wohlfühlen in meinen künftigen Räumen darstellte. Magazine und das Internet bieten eine Menge Ideen, man muss die Bilder nur noch ausdrucken und ausschneiden. Mein Moodboard, das daraus entstand, war während der gesamten Umbauphase der rote Faden, an dem sich alle orientierten, und meine Wohnung ist ein wahrgewordener Traum! Seit nunmehr zehn Jahren nutze ich bereits erfolgreich diese Technik zur Umsetzung meiner Ziele. Es begann wie eine Autofahrt bei Nacht von einem Ort zum nächsten. Das Moodboard war mein Scheinwerfer, der mich auf dem Weg hielt und immer ein Stückchen weiter führte.

Habe ich Sie ein wenig neugierig machen können? In den folgenden Kapiteln erzählen meine Gäste und ich Ihnen, wie und warum ein Moodboard tatsächlich funktioniert. —

# »ICH WÜRDE NIE OHNE MOODBOARDS ARBEITEN.«

BÄRBEL SCHWABE →

# » MOODBOARDS VERMITTELN STETS DIE GEWÜNSCHTE STIMMUNG UND SIND VON BEGINN AN DAS EMOTIONALE FUNDAMENT UNSERER ARBEIT. «

Seit mehr als 30 Jahren arbeite ich in internationalen Projekten erfolgreich mit Moodboards!

Sie sind eine enorme Hilfe bei der strategischen Projekt- und Markenentwicklung. Mit dem Einsatz dieser sehr einfachen Technik sind wir in der Lage, den komplexen, emotionalen Anspruch der »weichen Faktoren« einer Entwicklungsarbeit über einen längeren Zeitraum in festen Leitplanken zu halten.

Das Ziel von Moodboards ist es, Wesentliches herauszufiltern und von Beginn an alle Mitwirkenden auf einen gemeinsamen, schlüssigen Projektleitfaden einzuschwören. Moodboards geben den gestalterischen Weg vor, zeigen Wertigkeit und prägen den Charakter der Aufgaben.

Zum besseren Verständnis hier eines meiner Projekte: »Harte Faktoren« sind Fakten, die alle Funktionsansprüche beschreiben. Als Beispiel: Eine Kantine erfüllt, bezogen auf die Quadratmeter, die Anzahl der Sitzplätze, die Durchgangsbreiten, die Fluchtwege, die notwendigen Lichtverhältnisse sowie Tischgrößen und Tablettablage-möglichkeiten etc. Wenn Sie jedoch die Kommunikation nicht fördert, kein Rückzugsort ist, keine leckeren Speisen bietet und kein begeister-tes und ansprechendes Personal, dann fehlen diese »weichen Fakto-ren«, die eine ideale Kantine mit Charme und Wohlfühlatmosphäre ausstrahlen sollte.

Mit einem Moodboard stellen Sie das Verhältnis von »harten und weichen Faktoren« sicher, die dem Projekt und der Marke am Ende die Seele geben, die maßgeblich den Erfolg bestimmt. Meine Kunden sind stets begeistert, wenn sie se-hen, wie Schritt für Schritt das ge-meinsame Ziel konkreter visualisiert wird und damit für sie greifbar und vorstellbar ist.

Diese einfache, manuelle Ar-beitsweise ist eine enorme Erleich-terung für die zügige Erarbeitung, Weiterentwicklung und Vertiefung auf dem Projektrealisierungsweg. Ein Moodboard entwickeln wir mit Stimmungsfotos, Worten als wichti-ge Kernbotschaften, Skizzen und Planausschnitten sowie Farben und Materialien. Es dient als Projektbe-gleitung und ist Leitfaden bis zur Fertigstellung von kleinen und gro-ßen Projekten.

Neue Mitarbeiter können damit schnell und unmissverständlich zu jedem Zeitpunkt in das fortschrei-tende Konzept eingearbeitet wer-den, auch wenn sich das Projekt über einen längeren Zeitraum er-streckt. Das stetige Konkretisieren der bereits erarbeiteten Mood-boards mit Neuem hilft den Kunden bei jedem Termin, das Ziel vor Au-gen zu behalten und nicht abzu-schweifen. Es erlaubt allen Beteilig-ten, »vom Gleichen« zu reden sowie die gleichen Bilder und Wertigkei-ten zu verfolgen. Moodboards ver-mitteln stets die gewünschte Stimmung und sind von Beginn an das emotionale Fundament unserer Arbeit. Am Ziel angelangt, stimmen die Visualisierungen 100-prozentig mit der neu geschaffenen Wirklich-keit überein. Ich würde nie ohne dieses Tool arbeiten! —

**BÄRBEL SCHWABE, Diplom Desi-gnerin und Innenarchitektin. Als erfolgreiche Interieur-Designerin entwickelt sie seit über 30 Jahren vor allem Gestaltungs- und Raum-konzepte für die internationale Hospitality-Projekt-Branche.**

# »MIT UNSERER ZIELGRUPPE AUF AUGENHÖHE ZU SEIN, IST DIE BASIS UNSERER MARKEN-ENTWICKLUNG.«

DR. MARCELLA PRIOR-CALLWEY →

# » WICHTIG IST ES, MOODBOARDS IMMER WIEDER ZU ÜBERARBEITEN. «

Marie, so heißt eine sehr wichtige Frau in meinem Leben. Marie ist 43 Jahre alt. Sie sieht ein wenig aus wie Chiara Mastroianni. Sie ist Kommunikationsfrau, lebt mit Patchwork- Familie in der Nähe von Stuttgart. Sie liebt ihr Architektenhaus, ihren Garten, Reisen an exotische Orte, Märkte in aller Welt. Tilda Swinton, Oprah Winfrey, Iris Apfel sind ihre Vorbilder.

Seit ungefähr zehn Jahren arbeiten wir mit der Methode der Sinus-Lebenswelten zur Analyse und Beschreibung unserer Zielgruppe. Anders als die soziodemografische Kundenbeschreibung, bei der Kunden nach Alter oder anderen Merkmalen geclustert werden, geht es bei dieser Methode darum, Personas zu entwickeln, die man einer bestimmten Lebenswelt zuordnen kann, kategorisiert nach der Finanzkraft und geistiger Progressivität.

Für diese Personas werden Lebensläufe entwickelt, Familie und Freunde erfunden, Urlaubsorte, Interessen, Lebenssituation usw. beschrieben. Um die Überlegungen genau zu fassen, werden Moodboards gestaltet, die diese Beschreibungen illustrieren.

Wir erarbeiten in der Gruppe verschiedene Bildmotive, indem wir aus internationalen Zeitschriften Bilder der vorgestellten Person, aber auch Bilder für die einzelnen Bereiche sammeln und dann gemeinsam diskutieren, ob die entsprechend passen. Aus diesen Bildbeispielen kreieren wir gemeinsam ein Board, das sehr präsent über unserem Konferenztisch hängt und auf das wir unsere Produktentwicklung abstimmen. Wie würde Marie das finden?, würde Marie dies kaufen?, sind Fragen, die wir uns stellen.

Wichtig ist es, diese Boards immer wieder zu überarbeiten, sie veralten erstaunlich schnell – auch daran lässt sich sehr gut ablesen, wie schnell sich Sehgewohnheiten ändern. Marie entsteht dabei immer neu, wir haben aber das Gefühl, sie schon sehr lange zu kennen; sie ist ein Stück von uns allen.

Und das Beste an Marie: Im Gegensatz zu uns anderen wird sie nicht älter. —

**DR. MARCELLA PRIOR-CALLWEY ist Verlegerin des 1884 gegründeten Georg D. W. Callwey Verlags, führend in den Themen Architektur, Landschaftsarchitektur, Handwerk, Garten, Design, Mode und Lifestyle.**

# DIE KRAFT DER BILDER

Der prägendste und dominanteste Wahrnehmungssinn des Menschen ist das Sehen. Wir widmen uns daher vor allem der visuellen Verarbeitung – und das mit unglaublicher Geschwindigkeit. Bilder wirken, bewusst oder unbewusst, vor allem, wenn sie uns tief berühren.

Betrachten Sie auch zuerst das Bild, bevor Sie den dazugehörigen Text lesen? Egal ob das Werbebanner im Bahnhof, die Litfaßsäule an der Ampel, das Poster an der Bushaltestelle oder den Artikel in der Zeitschrift – eigentlich alle Menschen tun das. Aber warum ist das so? Sie kennen sicher das Sprichwort: »Ein Bild sagt mehr als tausend Worte.« Ein Kunstwerk, eine Fotografie, der Fernsehbildschirm oder der Ihres PCs, ihres Smartphones und auch Ihr eigenes Spiegelbild vermitteln Botschaften. Texte haben zwar einen höheren Abstraktionsgrad und man kann über Dinge sprechen und schreiben, die man nicht sehen kann. Beim Betrachten eines Bildes jedoch erhalten wir in Bruchteilen von Sekunden die

# » DER WEG BRAUCHT DEIN HERZ, DAS ZIEL DEINE VISION. «

**MONIKA MINDER**

mannigfaltigsten Eindrücke und Informationen. Bilder ermöglichen uns, Zusammenhänge und Eigenschaften des Dargestellten mit nur einem Blick zu erfassen und schnell zu begreifen. Also eine Kombination von schneller Wahrnehmung und Denken auf dem Weg zur Erkenntnis. Bilder aktivieren Gefühle, und zusätzlich ist unser visuelles System mit anderen sensorischen Arealen verknüpft: Können Sie bei einem Bild mit Frühlingswiese auch abrufen, wie frisch gemähtes Gras »riecht«? Oder »hören« Sie beim Blick auf das Bild Ihres Lieblingssängers nicht auch seine Stimme? Leichte Aufnahme, schnelle Wirkung.

Auch Buchstaben sind für unser Auge letztlich visuelle Darstellungen und werden zuerst als Form mit Bedeutung wahrgenommen, so beschreiben es die Kommunikationsexperten. Der Unterschied zu Bildern besteht darin, dass zunächst aus mehreren Buchstaben-»Bildern« ein Wort zusammengesetzt und dann mit der Verknüpfung der Worte ein Satz mit dem entsprechenden Aussageinhalt aufgenommen und verarbeitet wird. Stellen Sie sich dabei ein Baby-Armband vor, auf dem der Name in einzelnen Buchstaben-Perlen aufgereiht ist. Während sich beim Blick auf ein Bild oder ein Symbol binnen Bruchteilen von Sekunden die Bedeutung erschließt, durchläuft unser Gehirn beim Lesen von Texten einen längeren und komplexeren Prozess. Mehrdeutige Begriffe und verschachtelte Satzstrukturen führen zudem dazu, dass die Kombination der Buchstaben noch intensiver und konzentrierter analysiert werden muss. Das ist anstrengender für unser Gehirn. Die Konzentration lässt eher nach, wir verlieren die Aufmerksamkeit und werden müde. Bilder dagegen wirken sofort: Die Wahrnehmung von Bildern ist 60 000 Mal schneller als die von Texten, so der Berliner Kommunikationsexperte Prof. Adlmaier-Herbst. Daher liegt bei einem Moodboard der Schwerpunkt auf Bildern, haptischen Elementen und Schlagworten. Bereits der flüchtige Blick reicht für die Verarbeitung von Eindrücken, die zur Erkenntnis führen. Genau das ist das Ziel bei einem Moodboard: die schnelle, emotionale und klare Übermittlung von mehr oder weniger komplexen Botschaften.

## HÖHLENMALEREIEN – DIE ERSTEN BILDER

Die vermutlich ältesten bildlichen Darstellungen sind Höhlenmalereien aus der Steinzeit. Die meisten Fundorte in Europa liegen in Spanien, Italien und Frankreich. 1994 wurden die spektakulären Malereien der Chauvet-Höhle entdeckt. Über die Hintergründe dieser Malerei haben Wissenschaftler unterschiedliche Deutungsansätze entwickelt. Der französische Felsenbildforscher Jean Clottes beispielsweise ist der Meinung, dass die Menschen die Höhlenwände aufgrund ihres Glaubens bemalt haben und die Abbildungen als Mittler zum Jenseits fungiert haben könnten, um den Göttern und Vorfahren zu begegnen. Da viele Felsenmotive Tiere und Menschen zeigen, ist eine weitere Interpretation die Veranschaulichung von Wanderrouten zum Zweck der Jagd oder als Anleitung für die nächste Generation. Eine für mich spannende Hypothese ist, dass die Höhlenmenschen Gesehenes und Erlebtes als Geschichten darstellten, um sie auf diese Weise in ihrem Leben zu fixieren. Die tatsächlichen Beweggründe der Steinzeitmenschen, ihre Malereien auf Felswänden anzubringen, sind uns nicht bekannt. Aber sie könnten eine ähnliche Wirkung ausgeübt haben wie heute ein Moodboard.

## SCHRIFTZEICHEN MIT INHALT

Die ersten Schriften der Menschheit waren Bilderschriften, auch Inhaltsschriften genannt. Sie setzten sich hauptsächlich aus Logogrammen, d. h. Zeichen in Form von schematischen Bildern (Piktogrammen) bzw. Wortzeichen (Ideogrammen) zusammen. Piktogramme begegnen uns im heutigen Alltag auf Schritt und Tritt. Selbst jemand, der farbenblind ist, erkennt an der Ampel, wann er stehen bleiben muss oder gehen kann, denn das Rot der Ampel ist mit einer stehenden Figur, das Grün mit einer gehenden bebildert. Und in öffentlichen Bereichen sind die Wege zum stillen Örtchen für Damen und Herren mit Piktogrammen eindeutig gekennzeichnet. Ideogramme dagegen sind Darstellungen, die keine bildhaften Assoziationen wecken, sondern inhaltlich für etwas stehen, beispielsweise Verkehrszeichen.

Später in der Entwicklung der Schriften kamen auch Silben- und Lautzeichen dazu. Die wahrscheinlich erste dieser Hieroglyphen-Schriften schufen die Bewohner des Niltals bereits vor 6 000 Jahren. Sie bestand immerhin schon aus 700 Bildcharakteren, die nach präzisen Vorgaben in Steine geritzt oder auf Wände gemalt wurden. Die gut erhaltenen altägyptischen Gräber erzählen noch heute davon, was die Menschen vor Jahrtausenden bewegte.

Die Azteken Südamerikas »schrieben« ebenfalls in Bildern. In einer deutlich erkennbaren Bildhaftigkeit ihrer Zeichen dokumentieren diese »Texte« Zeremonien, Gesänge, Erzählungen, Sitten und Gebräuche, Zahlen und Mengen etc. Das Bildzeichen eines verschnürten, länglichen Tongefäßes mit einer kompletten Feder etwa bedeutete 400 Krüge Feigenkaktushonig. Auch die Kreter und die Maya entwickelten jeweils eigene Bilderschriften. Und ganz erstaunlich: Der Missionar Chréstien Le Clercq schuf im 17. Jahrhundert für die Ureinwohner Kanadas, die Mi'kmaq-Indianer, eine rund 5 000 Zeichen umfassende Hieroglyphen-Schrift als Merkhilfe für Gebete, Hymnen und den Katechismus. Er hatte die Sprache der Indianer gelernt und erfand für sie die Mi'kmaq-Hieroglyphen, eine Wortlautschrift, um ihnen seine Religion erklären zu können. Bei Wortlautschriften geht es in erster Linie nicht, wie man vielleicht meinen könnte, um die Aussprache, sondern darum, dass die Zeichen einen festen Inhalt wiedergeben.

Vor Kurzem habe ich China bereist und gelernt, dass der Inhalt

# WUSSTEN SIE ES? DIE WAHRNEHMUNG VON BILDERN IST 60 000 MAL SCHNELLER ALS DIE VON TEXTEN.

der chinesischen Zeichen immer derselbe ist, egal, in welchem Dialekt sie gesprochen werden. Die von Ihnen gewählten Darstellungen für Ihr Moodboard funktionieren ähnlich: Sie haben eine Bedeutung, die Sie stets daran erinnern, am Ball zu bleiben.

## WANDMALEREI UND MOSAIKE

Auch in der Antike visualisierten die Menschen, was ihnen wichtig war. Die Griechen stellten bereits vor Jahrtausenden Alltagsszenen auf Krügen und Geschirr dar, und die Wandmalerei war vor allem in den Häusern der Römer

weitverbreitet. Wichtige Fundorte sind die Städte Pompeji und Herculaneum am Golf von Neapel. Der Ausbruch des Vesuv 79 n. Chr. hatte die Häuser der Städte mit Ascheregen verschüttet und deren Bemalungen auf diese Weise konserviert. Daher wissen wir, dass die Bewohner die Wände und Decken ihrer Häuser häufig im Architekturstil, einer Art Scheinarchitektur, mit Ornamenten, Szenen ihres Lebens, Feierlichkeiten und erotischen Bildern gestalteten. So findet man beispielsweise Darstellungen von Gärten und Landschaften, eingerahmt mit gemalten Säulen, die dem Betrachter den Eindruck

# *EIN MOODBOARD VERMITTELT IHNEN DAS GEFÜHL, IHRE WÜNSCHE UND ZIELE BEREITS ZU ERLEBEN.*

vermitteln, nicht in der Stadt, sondern in einem Anwesen inmitten der Natur mit fantastischer Aussicht zu residieren. Auch ihre Böden verzierten die Römer mit Mosaiken, wie die Ausgrabungen in Paphos und Kourion auf Zypern noch heute zeigen. Derart visualisierte Räume müssen eine ganz besondere Wirkung auf Bewohner und Gäste ausgeübt haben. In den Dörfern des Troodos, dem Gebirge der Mittelmeerinsel Zypern, kann man dies anhand der Wandmalereien in den zum UNESCO-Weltkulturerbe zählenden Scheunendachkirchen besichtigen. Die außen schlichten Gebäude zeigen in ihrem Inneren reich verzierte Wände und Decken mit prächtig leuchtenden, byzantinischen Motiven aus der Bibel.

Auch die Maltechnik der optischen Täuschung, »Trompe-l'oeil« (frz. täusche das Auge) oder Quodlibet (lat. wie es beliebt) genannt, wurde auf Fresken in der Renaissance für Schlösser und Kirchen perfektioniert. Höchst beeindruckende Beispiele für die ganze Pracht sind die perspektivischen Fresken des italienischen Meisters und Architekten Andrea Pozzo (1642-1709), in der Kirche des »Hl. Ignatius von Loyola auf dem Marsfeld« in Rom und die Scheinkuppel der Jesuitenkirche in Wien. Spätestens beim Anblick dieser Herrlichkeit glaubt der Betrachter an den Himmel.

Das erinnert mich an einen Straßenmaler, den ich dabei beobachtete, wie er in 3D-Technik ein riesiges »Loch« auf einen Platz malte und dieses am Ende mit einem schmalen Brett »über dem Abgrund« ergänzte. Aus meiner Perspektive fühlte sich die Malerei täuschend echt an. Auch eine Fototapete kann diesen Effekt auslösen, denn auch mit ihr schafft man Räume, die in der Wirklichkeit nicht existieren, aber das Gefühl von Weite oder einem überraschenden Standort geben.

Das sollten auch die Darstellungen auf Ihrem Moodboard: Ihnen das Gefühl vermitteln, Ihr Ziel und Ihre Wünsche bereits zu erleben.

## GEMÄLDE

Gemälde erzählen Geschichten von Gefühlen, Gedanken, Menschen und Ereignissen. Vor der Erfindung der Fotografie waren sie die einzige Möglichkeit, den Moment oder ge-schichtsträchtige Ereignisse wie Krönungen, Hochzeiten und Kriege, aber auch Wunschvorstellungen festzuhalten. Caspar David Friedrich (1774-1840), einer der bedeutendsten Maler der Frühromantik, hat es verstanden, den Betrachter seiner Werke mitzunehmen auf eine gefühlvolle Reise. Diese auf Wirkungsästhetik angelegte Malerei spricht die gedankliche und emotionale Wahrnehmung an. So hielt einer meiner Vorfahren, der Künstler Hubert Salentin (1822-1910), zum Ende der deutschen Romantik in seinen Werken Momente des dörflichen Lebens unserer Heimat wie (meist kinderreiche) Familien, Gesichter, Taufen, Kirchgänge und Wallfahrten fest. Vor Kurzem las ich den Artikel: »Was sehen wir, wenn wir uns Bilder anschauen?« von Sebastian Junge in der Zeitschrift »einfach.sein« über einen Museumsbesuch. Er beschreibt, dass wir beim Betrachten der Kunst auch immer uns selbst begegnen. Dass die Kunst ein Spiegelbild unserer Seele sei und etwas zum Ausdruck bringen kann, wonach wir uns tatsächlich sehnen. Wäre es nicht wunderbar, wenn Ihr Moodboard etwas zum Ausdruck bringen könnte, das Ihre Seele tief berührt?

# FOTOGRAFIE

Die ersten Fotografien hatten vor allem die Aufgabe, das Leben in Erinnerung zu behalten. Eine brauchbare Technik entwickelte sich erst Mitte des 19. Jahrhunderts. Ich besitze noch eine braungelbliche Aufnahme meiner Familie aus dem Jahr 1901. Sie zeigt meine Urgroßeltern mütterlicherseits, meinen Großvater und seine sieben Geschwister im Sonntagsstaat, sitzend und stehend um einen Tisch. Damals mussten die Menschen noch minutenlang stillstehen oder -sitzen, damit das Foto nicht verwackelte. Es muss für alle Beteiligten unglaublich aufregend gewesen sein, denn es gehörte nicht zum Alltag, fotografiert zu werden – erst recht nicht, selbst zu fotografieren. Den Aufwand, der die anschließende Entwicklung des belichteten Fotomaterials mit sich brachte, können wir uns heute kaum vorstellen. Erst mit der Vereinfachung von Aufnahme- und Entwicklungsverfahren gelang es, die Fotografie für jedermann anwendbar zu machen. Ohne sie wären Marketing-Kampagnen und Hochglanz-Magazine, aber auch Social Media nicht oder nicht in dieser Form möglich. Welch revolutionäre Geräte wir heute mit dem Smartphone und dem Tablet in Händen halten, war noch vor 25 Jahren undenkbar. Wir können nahezu alles überall und jederzeit ablichten, sofort versenden, in den sozialen Portalen mit der ganzen Welt teilen, auf Festplatten speichern und so viele Kopien erstellen, wie wir wollen. Jedoch wird ein Bild erst zu etwas Besonderem, wenn es uns berührt.

Hierzu die kurze Geschichte meiner Freundin Sanni, deren größter Wunsch es war, alleine durch Thailand zu radeln. Von Beruf Bildbearbeiterin, startete sie ihr erstes Moodboard mit der Suche nach den passenden Darstellungen, die dieses Gefühl für sie am besten vermittelten. Sie fand ein Foto, das – in einigem Abstand zum Betrachter – eine Biker-Gruppe bei der Rast unter Palmen zeigte. Ein weiteres Bild, das sie besonders berührte, erinnerte sie an ihr zweites Thema »Vertrauen« und zeigte eine Frau mit langen, blonden Haaren, die von einer Gruppe Menschen freudig in die Luft geworfen wird. Zurück von ihrer »Thai-Solo-Bike-Tour« erzählte sie mir freudestrahlend, dass sie erstens aus der Entfernung genau diese Biker-Szene unter Palmen in Thailand gesehen, und zweitens eine Wasser-Tanz-Massage-Therapie namens »Wataflow« entdeckt habe, die sie ihrem zweitwichtigsten Moodboard-Thema »Vertrauen« verblüffend nahe brachte: Sie hatte fasziniert realisiert, wie sehr sie dem Bild der »Frau in der Luft« ähnelt, als sie in Thailand im Wasser schwebte und jemand anderem die Kontrolle überließ.

Achten Sie daher auf Bilder, die Sie berühren, denn dieses Gefühl sind Sie selbst!

## BILDER UND ZEREMONIEN

Bildliche Darstellungen sind Bestandteil vieler Religionen. Noch heute überkommt mich eine merkwürdige Melancholie, wenn ich eine Kirche betrete. In dem Dorf, in dem ich aufgewachsen bin, war die Kommunikation geprägt durch direkte Gespräche, die Tages-, Wochen-, oder Kirchenzeitung und das Radio. Ein Fernsehgerät bekamen wir erst, als ich 10 Jahre alt war. Zum »Entertainment« meiner Kindheit gehörten Familien- und Dorffeste, vor allem aber regelmäßige Kirchgänge. Mit den jeweiligen Feiertagen und Anlässen waren auch unterschiedliche Empfindungen verbunden. Freudige wie an Weihnachten, wenn ich an der Hand meines Papas die großen Figuren in der Krippe unter dem Glockenturm von St. Dionysius bewundern konnte und es anschließend Geschenke gab. Aufregende Gefühle wie bei der Erstkommunion, als ich ein weißes Kleid trug und plötzlich im Mittelpunkt der ganzen Familie stand, die sehr groß war, da meine Eltern viele Geschwister hatten. Natürlich auch traurige Momente wie die Beerdigung eines Verwandten oder Gemeindemitglieds, wenn sich alle Beteiligten in schwarzer Kleidung um den Sarg, inmitten von Kränzen, Blumen und Kerzen, in der Friedhofskapelle scharten. Noch heute fühle ich die schwermütige Stille des endgültigen Abschieds. Als Zehnjährige betete ich täglich zu Gott und wünschte mir, mindestens 50 Jahre alt zu sein, wenn meine Eltern sterben. Ich dachte damals, das sei ein Alter, in dem ich das besser bewältigen würde. Meine Wünsche wurden übrigens erhört und ich bin dankbar für die wertvolle Zeit mit ihnen.

Spektakuläre bildhafte Erinnerungen habe ich noch heute an Fronleichnam. Die Nachmittage vor

# ACHTEN SIE AUF BILDER, DIE SIE BERÜHREN, DENN DIESES GEFÜHL SIND SIE SELBST!

dem Fest verbrachte ich gemeinsam mit meiner Großmutter beim Sammeln bunter Blüten entlang der Felder, jede Farbe in einem anderen Korb. Am frühen Morgen des Feiertages klopfte mein Vater die Halterungen für die Fähnchen in den Boden entlang unseres Grundstücks. Die jungen Frauen zauberten einen überwältigenden Blütenteppich mit kirchlichen Motiven auf das Pflaster des ganzen Dorfs, den nur der Pfarrer mit der Monstranz unter einem von jungen Männern getragenen Baldachin begehen durfte. All diese Bilder, die immer gleichen Rituale und starken Gerüche vertiefen Gefühle und damit die Verbundenheit innerhalb der Gemeinschaft.

Ein Moodboard wirkt auf ganz ähnliche Weise, indem es Visuelles und Emotionales miteinander verbindet und Ihnen so ein gewünschtes Gefühl für Ihre Ziele und Wünsche vermittelt.

## BILDERGESCHICHTEN UND COMICS

Donald Duck, Fix & Foxi, Asterix – ihre Geschichten waren für uns Kinder (und sind für die Kinder heute) in erster Linie eine Aneinanderreihung von Bildern. Nicht immer musste man die Sprechblasentexte lesen (können), um zu verstehen, worum es in dieser oder jener Episode ging. Ähnlich war es schon bei den alten Ägyptern. So fand man nahe Luxor 3 400 Jahre alte Grab-Malereien, die in einer Bildfolge Ernte und Verarbeitung von Getreide darstellen – zu »lesen« im Zickzack von unten nach oben. Auch der legendäre Teppich von Bayeux ist nichts anderes als eine Bildergeschichte. In 58 Szenen mit Bildmotiven und Textbändern schildert er auf 68 m Länge die Eroberung Englands im 11. Jahrhundert durch die Normannen. Auch Altarbilder oder Kirchenfenster vermitteln überlieferte Geschichten. Gleiches gilt für die Bildfolgen mit shintoistischen Motiven, die japanische Mönche ab dem 12. Jahrhundert auf Papierrollen zeichneten (Vorläufer der Mangas?) – und für so manchen Kupferstich im England des 17. Jahrhunderts.

Nachdem die Inhalte der gedruckten Bildgeschichten auf der britischen Insel später in speziellen Zeitungen eher humorvoll daherkamen, nannte man sie bald »Comicstrips«. Das Französische sagt treffender »bande dessinée« (gezeichnetes Band) zu den Bildergeschichten – und auch Wilhelm Busch bediente sich dieser Sprache, um seine Episoden von Max

und Moritz zu kategorisieren. »Schosen« nannte er sie, von französisch »chose«, Grund, Sache. Mit den Gebrüdern Lumière lernten die Bilder (ca. 1900) das Laufen und bewegte Bilder machen es möglich, Menschen noch emotionaler einzufangen. Mit TV- und Kinofilmen, auf YouTube und in den Sozialen Netzwerken lassen sie uns Teil des Geschehens werden.

## BILDER UND MEDIEN

Seit mehr als 30 Jahren bin ich in der Medienbranche tätig und behaupte, dass das Internet mindestens so revolutionär ist wie Gutenbergs Buchdruck vor mehr als 550 Jahren. Das Leben vor dem Internet war anders, wir brauchten für alles schlicht und einfach mehr Zeit, schrieben Briefe per Hand oder mit der Schreibmaschine, schickten sie mit der Post oder beauftragten einen Boten. Aus den Ferien sendeten wir Postkarten statt einer WhatsApp. Unerwünschte Werbung landete bereits am Briefkasten in der Papiertonne. Heute nennt man das Spam, es kommt aus der ganzen Welt und man benötigt eine Firewall, um der Flut Herr zu werden.

Mit dem digitalen Zeitalter haben Bilder und Informationen eine andere Qualität und eine unglaubliche Geschwindigkeit angenommen. Bei der Entstehung von Web 2.0 fragten wir uns, was das für die weltweite Kommunikation bedeuten könnte, und hatten wirklich keine Ahnung, wohin die Reise gehen würde. Manchmal sehne ich mich zurück in die Zeit der »Slow Motion«, die oft, so kommt es mir heute vor, mehr Zeit für Gründlichkeit ließ. Eines jedoch ist geblieben: Lesen wir nicht auch jenen Artikel – egal ob gedruckt oder online –, mit dessen Foto unsere Aufmerksamkeit eingefangen wird, als Erstes? Selbst wenn sich die Medienwelt in den vergangenen Jahren radikal gewandelt hat: Die nach wie vor auflagenstärkste Zeitung Deutschlands heißt noch immer nicht »Wort«.

## SOZIALE NETZWERKE

Spätestens seit der Entstehung der sozialen Netzwerke ist jeder »User« ein potenzielles Medium. Von visuellen Grüßen mit Sonnenauf- und -untergängen über abgelichtete Speisen in Restaurants bis hin zu umfangreichen Urlaubsalben. Jeder wird dadurch zum Sender von Botschaften und entscheidet selbst, wem er folgt, auf welchen Portalen er sich bewegt und seine Bilder teilen möchte. Wenn meine Kinder kochen, benutzen sie nicht wie ich ein Kochbuch, denn höchstwahrscheinlich haben sie keins. Sie bevorzugen Videos mit Anleitungen aus dem Internet. Anschließend wird das Ergebnis ihrer Kreationen in Bildern und kurzen Videos mit Freunden in den sozialen Netzwerken geteilt.

Früher freuten wir uns über eine Ansichtskarte im Briefkasten. Heute sind wir in der Lage, sämtliche Aktivitäten unserer Social-Media-Freunde in Echtzeit zu erleben und zudem zeitnah darauf zu reagieren, noch bevor diese den Heimweg antreten. Noch zu Beginn des 21. Jahrhunderts war das schlichtweg undenkbar. Die Mehrzahl der heutigen Informationen ist superkurz und das Bild ist der Trigger; ein bisschen wie in der Steinzeit. Vor allem, wenn sie an Bekanntes anknüpfen, nehmen wir Bilder (Fotos, Emojis, Piktogramme) mühelos auf. Sie wirken tatsächlich ohne Umwege und sprechen direkt die visuellen Zentren unseres Gehirns und damit unsere Gefühle an. Wir verarbeiten sie weitgehend automatisch und nahezu mühelos. An Bilder erinnern wir uns noch nach Tagen besonders gut, so ergaben Tests, denn die damit verknüpften Gefühle verstärken das Aktivieren von langfristigen Erinnerungen. Könnte das ein Argument für Sie sein, ein Moodboard zu kreieren, auch wenn Sie bisher noch Zweifel an diesem Werkzeug gehabt haben?

## DIE KRAFT MEINER BILDER

Viele Ereignisse habe ich bewusst oder unbewusst gespeichert und einige kann ich bis heute abrufen. Das geht sehr einfach, wenn das Gesehene mit einem gefühlvollen Moment verbunden ist. Die Darstellung der Sixtinischen Madonna von Raffaello Sanzio da Urbino (1483-1520) beispielsweise assoziiere ich stets mit dem Tod meiner Großmutter, da dieses Bild über ihrem Bett hing, als sie starb. Ich bin visuell geprägt, frage mich jedoch, wie viele Bilder ich täglich vor 30 Jahren gesehen habe und wie viele es heute sind. Die Entscheidungsgewalt über das, was wir täglich sehen, hat mit der Digitalisierung eine völlig neue Dimension erhalten. Viele glauben sogar, nicht mehr ohne Instagram, Facebook und Co. leben zu können. Doch die Flut der Bilder überfordert nicht nur, sie stumpft ab und macht es schwer, ja manchmal sogar unmöglich, Wesentliches zu erkennen. Bilder manipulieren, vor allem, wenn sie mit emotionalen Meldungen verknüpft sind. Oft sind wir nur einen Klick von Videos mit falschen Informationen entfernt, denn jeder ist in der Lage zu veröffentlichen, was er möchte. Seit ich begann, mich intensiv mit der Kraft des Visualisierens zu beschäftigen, wähle ich Bilder bewusster aus. Mit den professionellen Fotografien von Anja Jahn und Markus Bassler habe ich gelernt, dass besondere Bilder Grundlegendes auslösen können. Mit dieser Erkenntnis entwickelte ich einen höheren Anspruch an das, was meine Augen sehen sollen. Daher sollten auch Sie sich bei der persönlichen Gestaltung Ihres Moodboards von niemandem reinreden lassen. Sie alleine entscheiden, was Sie sehen möchten und was Ihre Wünsche am besten darstellt, damit Sie Ihre Ziele auch in die Tat umsetzen.

Ich wünsche Ihnen viel Erfolg!

# »SICH MIT DEM MOODBOARD AUF DAS WESENTLICHE FOKUSSIEREN.«

CHRISTINE KUNOVITS →

# » MEIN HERZ JUBILIERTE, ICH HÖRTE, WIE ES MIR GRATULIERTE. «

Wie effektiv sorgfältig gestaltete Collagen eine Idee verkaufen helfen, weiß ich aus beruflicher Erfahrung. Ich arbeite seit Jahren mit dieser Methode, habe dank Moodboards redaktionelle Neukonzepte, Bücher und Werbebroschüren für Kunden realisieren können. Selbstverständlich lag diesen Projekt-Visualisierungen immer ein nicht minder sorgfältig durchdachtes Konzept zugrunde. Was Kunden aber letztlich positiv stimmte, bei ihnen also den berühmten Funken zu entzünden vermochte und sie dann der Realisation entgegenfiebern ließ, waren die Moodboards. Sie lösten umgehend positive Reaktionen aus, ebneten den zuweilen steinigen Weg bis zur erfolgreichen finalen Umsetzung.

Dass ich dieses Arbeitsinstrument auf mein privates Leben ummünzen könnte, ist demnach nichts als folgerichtig. Dennoch wäre ich selbst nie auf den Gedanken gekommen, meine Visionen, Wünsche und Ziele mittels Collagen zu gestalten. Obwohl ich Etliches über Visualisierung gelesen, Meditationskurse zu diesem Thema besucht und vor Jahren Spitzensportler über ihre erfolgreiche mentale Vorbereitung auf einen Sieg hin interviewt hatte. Dennoch praktizierte ich diese Motivationstechnik selbst nie ernsthaft.

Den entscheidenden Impuls, es zu probieren, erhielt ich 2015 während einer Ayurvedakur kurz vor Jahresende von Marianne Salentin-Träger. Wir saßen uns damals im Hotel beim Abendessen gegenüber. Marianne erzählte mir unter anderem von ihren Moodboards und welche Visionen sie damit in ihrem eigenen Leben hatte umsetzen können. Sie beschrieb mir, wie sie das Jahr über Zeitschriften durchblätterte, Seiten mit Bildern, Sätzen oder Worten herausriss, die sie ansprachen und zum Jahresende zu einer Collage zusammenfügte.

Bei mir machte es sofort Klick. Am liebsten wäre ich sofort vom Tisch aufgestanden und hätte noch am selben Abend selber losgelegt. Marianne ihrerseits spürte, wie sehr mich die Idee bewegte. Und was machte diese wunderbare Frau? Tags drauf sauste sie im Hotel herum, fand einen 33 x 52 cm großen Karton und bezog diesen mit Packpapier. Beim Abendessen am nächsten Tag übergab sie mir die leere Pappe, eine Schere und einen Stapel Zeitschriften und meinte: »Viel Vergnügen!«

Es sollten die Werkzeuge werden, dank derer ich mein Leben im darauf folgenden Jahr in eine ganz neue Richtung lenken konnte.

Ganze 48 Stunden später hatte ich mein erstes »MUT-Board«, wie ich es nannte, gestaltet. Das Ergebnis erfüllte mich mit Freude. Etliches hatte ich mir überlegt, nur einiges mit ganz konkreten Bildern fassen können. Eine Reise nach Bali zum Beispiel. Anderes war allgemeiner gehalten. Wie die aus Angst vor mir hergeschobene, längst anstehende berufliche Veränderung. Letzteres Vorhaben ließ ich mit dem Satz anklingen: ›Hör auf dein Herz‹. Er prangte mit großen Lettern in der Mitte meines MUT-Boards. Nach meiner Heimkehr stellte ich meine Collage – gerahmt – neben mein Bett. Ich fühlte mich damals trotz Intensivkur erschöpft. Mental wie physisch. Begann, lange innere Dialoge über meine berufliche Zukunft zu führen, tauschte mich intensiv mit Freundinnen aus, machte Analysen mit

einem Jobcoach, praktizierte Yoga, meditierte, schrieb seitenlange Tagebucheinträge und schaute mehrmals täglich auf meine illustrierten Vorhaben fürs Jahr 2016. Im Mai reiste ich dann nach Bali, im September war ich so weit: Ich entschied mich, meine leitende, sehr gut bezahlte Stelle nach zwölf Jahren – ohne Aussicht auf einen anderen Job – drei Monate vor meinem 54. Geburtstag zu kündigen.

Mein Herz jubilierte, ich hörte, wie es mir gratulierte. Was für ein erfüllender, befreiender Schritt das damals war!

Mir ist klar, dass ich diesen Entscheid mithilfe all der oben erwähnten Unterstützungen gefällt habe. Die letztlich alle eine Form der Visualisierung waren. Ich weiß aber auch, welche Kraft ich tagtäglich in mir spürte, wenn ich meinen Blick über mein »MUT-Board« schweifen ließ. Denn da standen ausschließlich Dinge, die mir das Gelingen vor Augen führten. Bereits einen Monat nach meiner Kündigung erfuhr ich von einer vakanten Stelle, die wie für mich geschaffen war, und schickte umgehend meine Bewerbung ab. Auf meinem »MUT-Board« fürs Folgejahr bekam dieser Job selbstredend ganz viel Raum.

Es folgten 14 lange Wochen des Wartens. Viel Zuversicht (und auch etwas Zweifel) gehörten zu meinen täglichen inneren Begleitern. Ebenso wie der ganz bewusste allmorgendliche und allabendliche Blick auf mein berufliches Ziel. Und tatsächlich habe ich die Stelle bekommen. Insgesamt waren über 50 Bewerbungen eingegangen, wie ich nachträglich erfahren habe. Und so blicke ich jedem Jahresende mit Freude entgegen, bin selber gespannt, welche Ziele ich mir für die folgenden zwölf Monate stecke.

Dir, Marianne, sage ich aus tiefstem Herzen Dankeschön, dass Du mir diesen Weg eröffnet hast! —

**CHRISTINE KUNOVITS, Chefredakteurin und Verlagsleiterin mit ihren Leidenschaften Keramik, Lesen, Garten, Reisen, Kochen, Leben.**

# » MIT DEM HERZEN GEWÄHLTE UND INTENSIV VISUALISIERTE WÜNSCHE SIND SELBST GESCHAFFENES GLÜCK. «

MARKUS BASSLER →

Vor Jahren bescherte mir ein Freund ein denkwürdiges Erlebnis, das leider mit der Zeit verblasste, jedoch nun mit verstärkter Kraft wieder in mein Leben trat. Er als Architekt und ich als Fotograf – wir beide wollten uns in Barcelona als Team eine Existenz aufbauen – suchten nach einem Firmennamen, bauten eine Webseite, gestalteten ein Logo und taten alles, um uns bestens vorbereitet unseren zukünftigen Kunden zu präsentieren. Kurz vor Start der Präsentation überraschte mich mein Freund mit der Bitte, Firmennamen und Logo doch numerologisch zu prüfen. Entgegen dem mathematischen Zahlenverständnis weist die Numerologie Zahlen eine darüber hinausgehende Bedeutung zu. Es ging also darum, die Zahl, die am ehesten den künstlerischen und kreativen Aspekten unserer Arbeit entsprach, zu finden. Von solch einem »Schnickschnack« hielt ich damals wenig, lenkte jedoch mit dem Gedanken ein, dass es ja auch nicht schaden könne. Eine Woche später trafen wir uns zum letzten Feinschliff, mussten uns jedoch eingestehen, dass wir gerade am dringendsten ein geregeltes Einkommen benötigten und uns die Künste für den Moment den Buckel runterrutschen konnten. Wir brauchten schlicht und einfach erst einmal – Geld. Daher änderten wir unseren Brand und die Zahl entsprechend unserem neuen Fokus!

Im Zuge der Präsentation unserer gemeinsamen Firma eröffneten wir kurze Zeit später eine Ausstellung und es kamen wichtige Architekten der Stadt. Die Stimmung war gut, jedoch nur eine Person sprach uns an diesem Abend konkret auf unsere Arbeit an. Die Dame nahm uns zur Seite und entschuldigte sich bereits im Voraus für ihre Frage, ob wir »Künstler« uns denn bei guter Bezahlung auch für ein ganz banales Projekt hinreißen lassen würden. Das konnten wir guten Gewissens bejahen – und erhielten daraufhin den Auftrag, alle 500 neu gebauten Schulen Kataloniens zu fotografieren. Das Fokussieren auf unser dringendstes Ziel hatte tatsächlich funktioniert! Eigentlich hätte mir seitdem in jedem Moment meines Lebens klar sein müssen, dass es in allererster Linie um den persönlichen Fokus geht. Dass man seine Träume und Wünsche artikulieren und visualisieren muss und nicht um den heißen Brei reden sollte. Das setzt Kräfte frei, die eine hochansteckende Wirkung auf Menschen und die Umgebung haben und – die Dinge fügen sich. Trotz all ihrer Kraft verblasste diese Episode im Laufe der vergangenen 20 Jahre und ich fand keinen Schlüssel, das Vorgehen erneut in mein Leben zu integrieren. Dazu musste ich erst Marianne begegnen.

Moodboards kannte ich als Fotograf schon aus der Werbewelt. Die berühmte Werbeagentur Jung von Matt präsentierte ganze »Look and Feel-Welten« für einen meiner Kunden auf Pappen. Im Zeitalter von Ipads und Beamer, erinnere ich mich noch an meine Verwunderung über diese Bastelei. Und ich übersah, trotz meines visuellen Faibles, schlichtweg den Nutzen für das eigene Leben.

Als mir die begeisternde und tatkräftige Marianne ihre Vorgehensweise mit persönlichen Moodboards in schwierigen Zeiten nahebrachte, brauchte ich nicht lange, um zu erkennen, dass sie mit dieser Technik einen großartigen Weg für die Persönlichkeitsbildung gefunden hatte. Und als wir dann die Moodboards für unser gemeinsames Zypernbuch kreierten, das mittlerweile mit sieben internationalen Awards ausgezeichnet wurde, sah ich mein Gefühl endgültig bestätigt: »Bitte daraus ein Buch für alle Menschen machen!«, war sofort mein Gedanke, denn es ist so einfach, so verlockend, und so freudvoll. Im Vergleich zu der eingangs beschriebenen Fokussierung auf Zahlen, schafft es Mariannes Entdeckung auf ein ganz anderes kraftvolles Niveau. Die mit dem Herzen gewählten, mit den Händen geschnipselten und intensiv visualisierten Wünsche bewegten nicht nur mich, sondern auch meine Familie und Freunde. Sogar Fremde ließen sich von meiner neu fokussierten Strahlkraft erreichen; ich kam aus dem Staunen nicht mehr heraus.

Bis zu meinem ersten eigenen Moodboard verging dann doch noch eine Weile. Eine sehr persönliche Erfahrung war, dass es mir gar nicht so leicht fiel, als Vater von vier Kindern, den Raum für wirklich eigene Bedürfnisse und Wünsche einzunehmen, ja: mir den Luxus zu gönnen, nur an mich zu denken. Dann der Schrecken, was da so alles zusammenkommt. Bescheidenheit stand dem freien Wünschen im Weg und ließ vieles irgendwie obszön erscheinen. Heute denke ich: Warum nicht? Das soll doch alles drauf. Wünsche und

# » LOSGELÖST VON MEINER WELTLICHEN ERSCHEINUNG GIBT ES DINGE, DIE SICH MEINE SEELE WÜNSCHT, UND DIE ICH NICHT MEHR ÜBERSEHEN SOLLTE. «

Träume sind doch zutiefst mit meiner Persönlichkeit verbunden.

Mittlerweile erstaunt es mich nicht mehr, dass materielle Wünsche nach und nach von immateriellen abgelöst werden. Es ist ein Weg, der sich mir öffnet. Ich muss meine Erleichterung eingestehen, dass nach meinem ersten, noch recht materialistisch orientierten Moodboard nun viel tieferliegende, seelische Themen und Wünsche Einzug auf mein aktuelles Moodboard gehalten haben. Denn ganz losgelöst von meiner weltlichen Erscheinung gibt es Dinge, die sich meine Seele wünscht, die ich brauche und die ich nicht mehr übersehen sollte.

In jedem Fall ist es ein äußerst spannender Prozess, der mein Augenmerk auf mich und meine Wünsche sehr geschult hat. Meinen Augen kaum trauend, schaue ich auf das Moodboard des Jahres 2018 und stelle fest, dass bisher keiner meiner Wünsche offengeblieben ist – und das Jahr ist noch nicht einmal zu Ende. Sehr beeindruckt erkenne ich, dass meine aufgeklebten Ziele wahr geworden sind oder mancher Traum gar eine andere Gestalt angenommen hat – wie etwa der, ein Landhaus in Italien zu besitzen. Gebunden an Schulferien und neben dem gleichzeitig existierenden Wunsch, die ganze Welt und nicht nur Ausschnitte sehen zu wollen, hätte sich dieses Vorhaben nicht wirklich stressfrei umsetzen lassen. So verwandelte sich mein Landhauswunsch in ein zeitgemäßes »Tiny House« mit Garten in der Nähe von Frankfurt. Ich bin mehrmals in der Woche dort, habe schon Sternschnuppen-Nächte auf dem Rücken liegend genossen und nun alle Zeit der Welt, in meinen Urlauben die weite Welt zu besuchen. Mit Glücksgefühlen sammle ich Bilder von Landschaften und Flaggen der erträumten Länder in einer Schatulle, die ich wie einen Schatz hüte, um daraus bei nächster Gelegenheit mein künftiges Moodboard entstehen zu lassen. »Schatztruhe Moodboard«. Das ist selbst geschaffenes Glück. —

**MARKUS BASSLER** – Architektur- und Food-Fotograf. Als einer der renommiertesten deutschen Fotografen ist »the Food-Eye« in den berühmtesten Sterneküchen der Welt ebenso zu Hause wie in den einfachsten Streetkitchens.

# DIE MACHT
# DER GEDANKEN

Unsere Gedanken basieren auf Erfahrungen, positiven wie negativen, und so gestalten wir unsere Gegenwart. Unsere Gedanken wirken. Das sollten wir nicht unterschätzen und damit beginnen, unsere Denkgewohnheiten ins Positive zu lenken.

»Jeder Gedanke ist eine Ursache. Jeder innere oder äußere Umstand eine Wirkung.« (Dr. Joseph Murphy). Begann tatsächlich alles mit einem Gedanken und unsere Welt ist zwangsläufig durch sie entstanden? Dem vorangegangenen Kapitel zufolge, wäre die Mehrzahl unserer Gehirnzellen mit der Aufnahme durch den Sehsinn beschäftigt. Wir denken tatsächlich zu mindestens 95 Prozent in Bildern, Gefühlen und Geräuschen, behauptet der Schweizer Gedächtnistrainer André Huber. Von Natur sei der Mensch darauf trainiert, Gefahren zu erkennen und zu vermeiden. Demnach wäre theoretisch nur ein kleiner Prozentsatz unserer Gehirnzellen frei

# » ES IST VERRÜCKT, DIE DINGE IMMER GLEICH ZU MACHEN UND DABEI AUF ANDERE ERGEBNISSE ZU HOFFEN. «

ALBERT EINSTEIN

für logisches Denken in Worten, Daten, Zahlen und Fakten. Das Zitat der amerikanischen Schriftstellerin Anne Lamott beschreibt diesen Zustand meines Erachtens sehr treffend: »Mein Geist ist wie ein verrufenes Viertel, ich wage gar nicht, dort alleine hinzugehen.« Wenn alleine 80 Prozent der Informationen über das menschliche Auge ins Gehirn kommen, ist das eine ziemlich gute Voraussetzung für die Wirkung von Moodboards.

Interessant ist, dass Forschungen am Gehirn von Albert Einstein ergeben haben, dass es genauso gebaut war wie das eines normalen Menschen, so André Huber weiter. Der entscheidende Unterschied bestehe in der Fähigkeit, zu visualisieren und Informationen mit Gefühlen zu verbinden. Ohne Beteiligung der logisch denkenden Hirnhälfte. Das musste ich mir erst einmal auf der Zunge zergehen lassen.

Bedeutet das nicht, dass wir alle viel mehr Potenzial haben, als wir ahnen?

## DU BIST, WAS DU DENKST

Auch der amerikanische Quantenphysiker Dr. Fred Alan Wolf sagt, dass tatsächlich unser Denken das gestaltet, was wir wahrnehmen. Das muss wohl so sein, denn ich kann mich nicht erinnern, mit einem Plan oder festen Vorstellungen auf diese Welt gekommen zu sein. Und Sie? Im Rahmen meiner Recherchen zu diesem Buch stieß ich auf diesen interessanten Artikel in der ZEIT: »Du bist, was du denkst«. Die Autorin Ilka Piepgras geht darin auch der Frage nach, wie unsere Gedanken unser Leben verändern können, und stellt dabei einen Versuch der Harvard-Professorin für Psychologie Ellen Langer vor. Die US-Amerikanerin ist Mitbegründerin der positiven Psychologie und interessiert sich dafür, was Menschen zufrieden und gesund macht. Dabei stellt sie grundsätzlich alles infrage, ist jedoch davon überzeugt, dass die Handlungen der Menschen größtenteils auf Annahmen beruhen, die ihnen im Laufe der Zeit beigebracht oder eingeredet wurden, ihnen aber im Leben nicht unbedingt weiterhelfen.

In einem ihrer berühmtesten Experimente lud Ellen Langer Herren um die achtzig für eine Woche in ein Kloster ein, das so eingerichtet war wie zu der Zeit, als die Probanden zwanzig Jahre alt waren.

Sie wurden aufgefordert, sich über Ereignisse jener Zeit so zu unterhalten, als fänden sie aktuell statt. Eigentlich waren sie es gewohnt, betreut und gepflegt zu werden, und plötzlich lebten sie in einer Umgebung, die nicht mehr altersgerecht war. Sie mussten ihre Mahlzeiten selbst zubereiten und anschließend auch den Abwasch erledigen. Erstaunlicherweise waren die Probanden bereits nach dieser Woche beweglicher geworden und ihre Hör-, Seh- und Intelligenztests schnitten deutlich besser ab als zuvor. »Priming-Effekte« nennen Psychologen das Phänomen. Unter Priming versteht man eine Beeinflussung des Denkens mit einem Reiz, beispielsweise durch ein Wort, ein Geräusch, einen Geruch oder ein Bild. Im Gehirn werden durch diese Reize Gedächtnisinhalte aktiviert, die aufgrund früherer Erlebnisse spezifische Assoziationen auslösen. Ich erinnere mich zum Beispiel, dass ich als Kind immer wusste, wenn meine Großmutter das Haus betrat, auch wenn ich sie nicht sah. Ihr Ehering stieß auf eine bestimmte Weise an das Metall der Türklinke. Dieser Klang entwickelte in meinen Gedanken augenblicklich ein Bild und ein bestimmtes Gefühl. Die direkte Verknüpfung von Bildern mit Gefühlen wird durch die Verwendung von Moodboards gefördert. Rein intellektuell vermittelte Informationen sind dagegen weniger hilfreich, da sie keine stimulierenden Reize vermitteln.

## DAS BILDHAFTE GEDÄCHTNIS

Haben Sie schon von der Mnemotechnik (griechisch: Gedächtniskunst) gehört? Diese Technik des Gedächtnistrainings vermittelt Methoden, sich Dinge merken und jederzeit abrufen zu können, ohne ein Genie sein zu müssen. Die Mnemotechnik wandelt umfassende, abstrakte Informationen in möglichst schräge Bilder in unserem Kopfkino, die wir uns dadurch gut merken und jederzeit abrufen können. Ein perfektes Training, um Vergesslichkeit vorzubeugen. Hilfreich dabei sind simple Redewendungen wie: »sich am Riemen reißen«, »auf die Palme bringen«, »ans Eingemachte gehen«, »alle Hebel in Bewegung setzen«, »aus dem Nähkästchen plaudern«, »etwas passiert aus heiterem Himmel«, »etwas auf Herz und Nieren prüfen«, »aus dem Bauch heraus entscheiden«, »alle Trümpfe in der Hand halten«, oder »die Fäden in der Hand haben«. Auch das ist eine Möglichkeit, Ihr Moodboard zu gestalten: Formulieren Sie Ihr Ziel mit den Schritten dorthin und verknüpfen Sie diesen Weg mit einer lustigen Geschichte in schrägen Bildern. Ein kurzer Blick wird Sie an Ihre Ziele und Wünsche erinnern und Sie dazu ermuntern, sie anzugehen.

## DAS BEWUSSTSEIN UND DAS UNTERBEWUSSTSEIN

Der irische Autor Dr. Joseph Murphy beschreibt die unterschiedlichen Funktionen der beiden Bewusstseinssphären des menschlichen Geistes – das Bewusstsein und das Unterbewusstsein – wie einen Garten. Jeder ist sein eigener Gärtner und sät die Saat seiner Gedanken in den fruchtbaren Boden seines Bewusstseins. Ihre Denkgewohnheiten entscheiden über die Art und Qualität des Samens, denn alles, was Sie einpflanzen und pflegen, wird wachsen. Beginnen Sie daher unverzüglich, Gedanken des Friedens, des Glücks, der Freude und Dankbarkeit einzupflanzen. Stellen Sie sich das Ergebnis in Ihrem bewussten Verstand als bereits verwirklicht vor.

# ERSCHAFFEN SIE BEIM BETRACHTEN IHRES MOODBOARDS STETS STÄRKENDE UND POSITIVE GEDANKEN.

Positive wie negative Gedanken und Gefühle haben eine kaum zu überschätzende Wirkung auf unser körperliches und seelisches Wohlbefinden. Deshalb ist es wichtig, dass Sie beim Betrachten Ihres Moodboards stets positive und stärkende Gedanken erschaffen, die Sie Stück für Stück Ihrem angestrebten Ziel näherbringen.

## DIE LAST DER KONDITIONIERUNG

Sie kennen sicher den Begriff »Pawlowscher Hund«. Der russische Forscher und Nobelpreisträger Iwan Petrowitsch Pawlow konnte nachweisen, dass der Klang einer Glocke bei Zwingerhunden bereits Speichelfluss auslöste, obwohl es noch kein Futter gab. Alleine das Geräusch verbanden sie mit der Fütterung, da zuvor immer gleichzeitig eine Glocke dazu erklungen war.

Wir sind zwar keine Tiere, aber jeder Gedanke ist ein Resultat unserer Erfahrungen. Und all diese Erfahrungen bewirken eine Konditionierung, denn wir tendieren dazu, automatisch anzunehmen, dass al-

# SIE KÖNNEN IN GEDANKEN EINEN EIGENEN »FILM« ENTWERFEN, DER SIE ALS PROTAGONISTEN GENAU DAS TUN UND ERLEBEN LÄSST, WAS SIE SICH WÜNSCHEN.

les immer so ablaufen wird, wie wir es erfahren haben. Konditionierung hat also einen weitreichenden Einfluss auf unser gesamtes Leben und ist das Gegenteil von angeborenem, spontanem Verhalten.

Indem Sie beginnen, ein Moodboard mit Ihren persönlichen Wünschen zu gestalten, wird es Ihnen Kraft und Mut geben, Ihre Konditionierung zu überwinden, und Ihnen helfen, Ihren persönlichen Lebens-

weg zu finden. Wir haben immer die Möglichkeit, uns für unsere ganz persönliche Freiheit zu entscheiden. Ich sage nicht, dass der Weg einfach ist.

## DIE WUNDERBARE KRAFT DER ANZIEHUNG

Unser schöner Planet Erde unterliegt dem Gesetz der Schwerkraft. Wenn Sie von einer Mauer springen, können Sie sicher sein, dass Sie unten ankommen. Dabei ist es völlig egal, ob Sie ein guter Mensch sind oder nicht. Man kann sich das ungefähr so vorstellen: Jede Ansammlung von Masse hat automatisch eine Gravitationskraft (Schwerkraft), was bedeutet, dass Massen sich immer anziehen und unaufhaltsam aufeinander zubewegen. So sind auch Gedanken Kräfte, die durch entsprechende Gedankeninhalte und Emotionen zueinander finden. Sie haben vielleicht auch schon einmal eine negative Atmosphäre gespürt, an Ihrem Arbeitsplatz oder im Privatleben. Ob wir uns unserer Gedanken bewusst sind oder nicht, sie existieren, und durch die mit ihnen verbundenen Gefühle erschaffen wir diese Atmosphäre. Anders gesagt, unser Leben spiegelt tatsächlich unsere vorherrschenden Gedanken wider. Das mag Sie vielleicht aufgrund der negativen Gedanken, die Sie manchmal hegen, erschrecken, aber es ist tatsächlich so. Genauso funktioniert es aber auch im Positiven. Dazu ein schönes Beispiel. Auf der Frankfurter Buchmesse 2017 erzählte ich einer Freundin im Rahmen dieses Buchprojekts von der Kraft des Vi-sualisierens. Sie sagte mir, dass sie schon lange den innigen Wunsch hege, eine Lesung im Deutschen Haus in New York zu veranstalten. Sie begann damit, intensiv an das gewünschte Vorhaben zu denken. Noch am selben Tag traf sie auf dem Messegelände die Person, die das entscheiden konnte, und sprach sie an. Bald darauf erhielt meine Freundin nicht nur eine Einladung nach Amerika, sondern man erstattete ihr danach auch alle Kosten ihrer 14-tägigen Reise.

Die Technik des aktiven Visualisierens bzw. vorweggenommenen Erlebens wird auch Nexting genannt. Sie können in Gedanken einen eigenen »Film« entwerfen, der Sie als Protagonisten genau das tun und erleben lässt, was Sie sich wünschen. Denken Sie beispielsweise an das Wiedersehen mit einer geliebten Person und malen Sie sich bereits im Vorfeld alle Details aus, wie Sequenzen eines Films. Suchen Sie für Ihr Moodboard nach Bildern, die Sie motivieren und dabei Ihr Kopfkino in Gang setzen.

## RAUS AUS DER KOMFORTZONE

Wie wäre es, wenn wir unsere Einstellung ändern, unsere Gedanken durchweg in die positive Richtung justieren und ganz bewusst beginnen, das zu visualisieren und zu manifestieren, was wir gerne in unserem Leben haben möchten? Um sich diesem Ziel zu nähern, sollten Sie als Erstes aufhören, darüber nachzudenken, was Sie nicht in Ihrem Leben haben wollen. Ein Moodboard kann Ihnen tatsächlich helfen, Ihre Aufmerksamkeit auf das zu lenken, was Sie gerne sein, tun oder haben möchten. Das hat in der logischen Konsequenz auch mit Aktion zu tun – nicht nur die Aktion des Ausschneidens und Aufklebens von Bildern Ihrer Gedanken und weiterer Elemente für Ihr Moodboard. Ich meine, Sie werden nicht umhinkommen, Ihre Komfortzone zu verlassen, um den nächsten Schritt in die für Sie richtige Richtung zu gehen. Lassen Sie sich dabei bitte nicht durch den eingebauten Schutzmechanismus Ihres Gehirns abhalten. Denn wann immer wir unsere Gewohnheiten ignorieren wollen, geht in unserem Gehirn die rote Lampe an und signalisiert uns besorgt: Kann ich das wirklich schaffen? Wie viel Energie wird es brauchen, es umzusetzen? Ist es nicht vielleicht doch nur ein Hirngespinst? Wenn das passiert, setzen Sie etwas aktiv dagegen. Beginnen Sie damit, Gedanken und gute Gefühle in Bezug auf Ihre Wünsche und Ziele zu manifestieren. Am besten wiederholen Sie diese so lange, bis Sie den Mut haben, den ersten, und sei es noch so kleinen, Schritt zu wagen. Indem Sie jeden Tag auf positive Weise an Ihre Wünsche und Ziele denken, lenken Sie Ihre bejahende Energie mehr und mehr in diese Richtung.

## DAS SOMMERMÄRCHEN

Apropos ansteckende Lebensfreude: Wie war das noch mit dem Sommermärchen zur Fußball-WM 2006? Lebten wir plötzlich in einem anderen Land? Nationalflaggen an vielen Häusern, Autos, in den Straßen, und jeder Fremde war als Freund willkommen. Pure Begeisterung hatte die Nation gepackt. Was war anders? Ganz einfach, die Menschen haben sich von der Begeisterung anstecken lassen und die negativen Nachrichten einfach ignoriert. Die Medien übrigens auch. Geht doch! Der deutsche Hirnforscher Prof. Dr. Gerald Hüther beschreibt dieses

# SIE WERDEN NICHT UMHINKOMMEN, IHRE KOMFORTZONE ZU VERLASSEN, UM DEN NÄCHSTEN SCHRITT IN DIE FÜR SIE RICHTIGE RICHTUNG ZU GEHEN.

wunderbare Phänomen der Begeisterung in seinem neurobiologischen Mutmacher »Was wir sind und was wir sein könnten« als Dünger für unser Gehirn. In einem Zustand, in dem alles andere Nebensache und die gesamte Aufmerksamkeit auf das Ziel gerichtet ist, schüttet das Gehirn einen Cocktail von Botenstoffen wie Adrenalin, Dopamin und Endorphine, auch Glückshormone genannt, aus. Sie steuern unser Wohlbefinden, unsere gute Laune, unsere Glücksgefühle und sensibilisieren unsere Wahrnehmung. Die Signale der glücklich machenden Botenstoffe werden bis in die Zellkerne der

AUSZEIT

Yoga & Ayurveda –
das Beste aus beiden Gesundheitstraditionen

# Ayurveda

Zeit fürs Innehalten,
Momente der Ruhe,
Augenblicke des Glücks,
und ein tiefes Wohlgefühl

ng
geben

FRAU
DER TAT

ür mich das Beste

ein gutes
Bauchgefühl

GUT GEERDE

BY

TRECA INTERIOR
PARIS

Nervenzellen transportiert, und wenn das Erlebte für die Person von Bedeutung ist, ihr sozusagen unter die Haut geht, bilden sich neue Vernetzungen. Das Buch habe ich regelrecht verschlungen. Einfach pure Freude. Welch wunderbare Ermunterung, Ihr persönliches Moodboard damit zu beginnen herauszufinden, was Sie tatsächlich begeistert.

## MEINE NEUE VORSTELLUNG VON LEBEN

Meine Morgenroutine sah vor Jahren etwa so aus: Kein Frühstück, eine Tasse Kaffee, nachdem die Kinder auf dem Weg zur Schule waren, eine Runde Morgenmagazin, die Dramen der Welt anschauen, kurz mit dem Hund raus und anschließend Büroalltag. Informationen sind wichtig, aber die Probleme der ganzen Welt in weite Teile meines Lebens auszubreiten definitiv nicht. Ich war vorrangig damit beschäftigt, auf alles und jeden zu reagieren, und ständig auf der Hut, alles aufzufangen und nichts zu vergessen, um meine damalige Vorstellung von Leben aufrechtzuerhalten. Ich war nicht glücklich, oft ausgelaugt und am Ende ernsthaft erkrankt.

Mit Hilfe des Moodboards begann ich 2009 damit, meine ganz persönlichen Wunschvorstellungen eine nach der anderen umzusetzen. Am Morgen freute ich mich auf den einstündigen Waldlauf mit Cleo und ein gesundes Frühstück. Nach wenigen Wochen konnte ich bereits sehen und fühlen, wie gut diese Maßnahmen auf meinen Körper und meine Stimmung wirkten. Freunde inspirierten mich, neue kreative und schöne Projekte zu konzipieren. Das erfreute mein Herz und ich lernte dabei, endlich auch auf meine Gefühle zu hören und mich weiterzuentwickeln. Die Moodboards, auf denen ich meine Wünsche und Ziele visualisierte, waren dafür genau die richtige und eine höchst erfolgreiche Aktion. Diese wunderbare Erfahrung wünsche ich auch Ihnen. —

# » *WIR SOLLTEN DARAUF ACHTEN, WELCHEN BILDERN WIR UNS KONTINUIERLICH AUSSETZEN.* «

PROF. HARALD WALLACH →

Imagination, das aktive Erzeugen von Bildern und Vorstellungen, war schon immer Bestandteil aller möglicher religiöser und säkularer Riten. Carl Gustav Jung baute die aktive Imagination zu einer mächtigen therapeutischen Methode aus, mit der er sich sogar selber behandelte und sein Inneres erforschte. Der italienische Psychiater Roberto Assagioli ließ sich davon inspirieren und entwickelte in seiner Psychosynthese eine ganze Reihe von Übungen. Hanscarl Leuner führte diese Entwicklungen im katathymen Bilderleben weiter. Wie funktioniert das, und warum?

Vielleicht helfen ein paar Informationen aus der modernen Gehirnforschung. Für unser Gehirn ist der Unterschied zwischen »wirklich und da draußen« und »imaginativ und innen vorgestellt« sehr gering. Nur etwa 3–5% unserer Gehirnaktivität ist auf Reize gerichtet, die von außen kommen, der Rest beschäftigt sich mit intern erzeugter Aktivität. Anders gesagt: Unser Gehirn ist ein Wirklichkeitsgenerator und sowieso viel mit inneren Prozessen beschäftigt. Vorgestellte und tatsächliche Inhalte sind also aus Sicht unseres Gehirns sehr nahe beieinander, eigentlich manchmal fast ununterscheidbar.

Deshalb kann es auch gelingen, dass sehr intensiv erlebte Vorstellungen und innere Bilder sich auf unseren Körper auswirken. Eine imaginative Körperpsychotherapiemethode, die Dr. Loesch aus Potsdam aus dem katathymen Bilderleben abgeleitet hat, wird sehr erfolgreich bei verschiedenen chronischen Leiden und Krankheiten verwendet [1]. Die Voraussetzung ist, dass Menschen lernen, sich sehr tief zu entspannen und auf ihr Innenleben zu konzentrieren. Dann werden Symbole oder Bilder für die Krankheit und für ihre Heilung oder für die innere Unterstützung gesucht, und diese Bilder werden regelmäßig geübt. Das Wichtige daran ist: Jeder Mensch muss die ihm oder ihr entsprechenden Bilder und Symbole finden. Wo für die eine Person Regen und eine Dusche heilsam und die Vorstellung von Hitze und Wärme vielleicht unerträglich ist, ist es bei einem anderen Menschen genau andersherum. Daher sind auch Selbsthilfebücher nach Hauruck-Methode mit vorgegebenen Bildern und Symbolen meistens nicht sehr wirksam. Vielmehr gilt es für jeden und jede, eigene Symbole zu finden, eigene Bilder, die bedeutungsstark sind. Manche Menschen haben beispielsweise sehr intensive Träume mit lebendigen Bildern. Manchmal wachen wir auf, bevor etwas zu Ende gegangen ist. Dann kann man sich in das Traumbild zurückversetzen und die Geschichte weitergehen lassen und sich auf diese Weise seinem Inneren überlassen.

Oder man kann Zielzustände visualisieren. Sportler und Musiker machen das. Wenn sie z. B. grundlegende Fertigkeiten gelernt haben, Bewegungsabläufe etwa oder Muskelkoordination, dann können sie, ohne dass sie die Abläufe in der Wirklichkeit vollziehen, alles nur in der Vorstellung durchgehen und sparen dadurch Zeit und Energie. Dies liegt daran, dass der sensorische und der motorische Cortex im Gehirn sehr enge Verbindungen haben und dass visualisierte Bewegungen vom Gehirn verarbeitet werden, als seien es richtige. Daher kann man auch, wenn man Imagination gezielt einsetzt, körperliche Vorgänge beeinflussen. Meistens ist dabei aber, das sollte dazugesagt sein, die Anwesenheit einer Begleitperson hilfreich, die dabei hilft, sich zu fokussieren und die Imagination lebendig zu halten. Mit einiger Übung kann man dann auch alleine weitermachen.

In den genannten therapeutischen Anwendungen kann man über das Hervorrufen geeigneter Bilder, die man sich individuell erarbeitet hat – vielleicht eine Szene aus dem Urlaub oder aus der Kindheit, die komplette Geborgenheit vermittelt –, Zustände tiefer Entspannung und Zufriedenheit hervorrufen oder vertiefen, die schon von sich aus zu wohltuenden Veränderungen im Körper führen. Aber offenbar kann man darüber hinaus auch über sehr gezielte Vorstellungen und Bilder, die aber wie gesagt individuell passen müssen, therapeutische Prozesse unterstützen. Die Forschung hat gezeigt, dass Wundheilungen nach Operationen damit leichter gelingen, bzw. dass Operationen insgesamt unkomplizierter verlaufen.

Psychologisch kann man über innere Bilder und Symbole Wachstums- und Veränderungsprozesse anregen und begleiten. Manchmal haben wir in wichtigen Träumen deutliche Bilder mit starker Symbolik. Solche Bilder zu malen und in seiner Umgebung aufzuhängen, kann sehr unterstützend sein. Dabei müssen die Bilder nicht kunstvoll sein, sondern persönlich bedeutungsvoll, wiewohl auch kunstvolle

# » ICH HALTE MOBILTELEFONE FÜR DEN GRÖSSTEN IRRWITZ UNSERER TAGE. «

Bilder anderer Menschen ähnlich wirken. Daher haben sich immer schon Menschen, die es sich leisten konnten, mit großer Kunst umgeben oder sich extra Bilder malen lassen. Wir sollten daher darauf achten, welchen Bildern wir uns kontinuierlich aussetzen – im Fernsehen etwa oder im Internet – und möglicherweise eine Bilderhygiene in unseren Alltag einbauen. Das kann man erreichen, indem man z. B. im Fernsehen nur bestimmte Programme anschaut oder mal eine Weile überhaupt darauf und auf andere Bilder verzichtet, um sich seiner eigenen, inneren Bilder wieder bewusster zu werden.

Dann können sich auch diese langsam wieder zu Wort, oder besser: zu Bild melden, wir können sie uns näher betrachten und auf die Botschaft hören, die sie transportieren. Traumbilder können wir so besser halten und wirksam werden lassen.

Die neurowissenschaftliche und kulturelle Basis für diese Arbeit besteht darin, dass unser Gehirn zum einen zwei arbeitsteilige Hälften hat. Die eine – bei Rechtshändern die linke – ist grob gesagt sehr linear, algorithmisch, hängt mit unserer Sprache und ihren Kon-zepten, mit Logik und kausaler Analyse zusammen, während die andere – die rechte bei den meisten Menschen – stärker holistisch-ganzheitlich, weniger lexikalisch-sprachlich, dafür mehr bildlich und gestalthaft operiert. Wir sind nun durch den Gang der Geschichte und unsere Kultur sehr stark in eine Dominanz der sprachlichen, analytischen und logisch aktiven Hälfte unseres Gehirns geführt worden. Alles, was diese Dominanz reduziert – und die Arbeit mit Bildern und Imagination gehört dazu –, führt zu größerer Ausgeglichenheit und besserem Zugriff auf unsere tiefere, in Bildern und Symbolen operierende Intuition. [2]

Daher sollten wir nicht nur rezeptiv bleiben und die Bilder zu uns sprechen lassen. Roberto Assagioli, Begründer der Psychosynthese, hat beispielsweise immer wieder dazu geraten, bestimmte Bilder im Sinne einer imaginativen Meditation aktiv in sich heraufzuholen, zu betrachten und wirken zu lassen, je nachdem, welchen Entwicklungsschritt im Leben man anpeilt. Jemand, der beispielsweise mehr Zielgerichtetheit ins Leben bringen will, könnte sich regelmäßig eine Weile auf die Vorstellung vertiefen, er oder sie sei ein Bogenschütze und wolle einen Pfeil in ein entferntes Ziel lenken. Wenn wir merken, dass eine Veränderung ansteht, aber noch nicht wissen, wohin sie geht, können wir uns vorstellen, wir seien eine Schmetterlingslarve, die in ihrem Kokon schlummert und nun allmählich diesen Kokon sprengt, die Flügel ausbreitet und sich verwandelt. Der Fantasie sind keine Grenzen gesetzt.

Eher aus den schamanischen und magischen Traditionen stammt die Idee, man könne sich gewünschte oder wichtige Zielzustände im Leben vorstellen – etwa wie man in ein paar Jahren oder in einigen Wochen sein will, oder was man erreichen will. Wenn man das intensiv, regelmäßig und mit großer Sammlung macht, scheint es wirklich Auswirkungen auf die Entwicklung der Wirklichkeit zu nehmen, obwohl wir beim momentanen Stand unserer Wissenschaft keine Ahnung haben, wie das funktionieren soll. Genauer gesagt: Die konventionelle Weisheit sagt, das sei Unfug. Ich persönlich wäre mit solchen vorschnellen Urteilen vorsichtig. Ich habe immer wieder Heiler kennengelernt, deren Arbeit in der Essenz eine präzise Zielvorstellung und die Fähigkeit war, diese Zielvorstellung ohne auch nur einen Funken Zweifel im Bewusstsein zu halten. Die mittlerweile verstorbene Heilerin Ursula Kress habe ich in ihrem Alterssitz einmal besucht und gefragt, was sie macht, wenn sie etwa ein von Geburt an missgebildetes Bein behandelt – das hat sie übrigens öfter gemacht mit ziemlich großem Erfolg. Sie pflegte dann zu sagen: »Ich stelle mir vor, wie es sein soll, und genau so wird es dann.« Das hat mich an das Wort im Neuen Testament erinnert vom Glauben, der nur so groß wie ein Senfkorn zu sein braucht, um Berge versetzen zu können. Damit ist eigentlich gemeint: Wenn wir es wirklich fertigbringen, eine Vorstellung so klar und lebendig zu halten, dass nicht der Schatten eines Zweifels zwischen uns und die Vorstellung passt, dann ist die Chance ziemlich groß, dass sich die Wirklichkeit – nicht immer, aber manchmal – in diese Richtung hin bewegt oder dass die Wahrscheinlichkeit steigt, dass sich unsere Zielvorstellung verwirklicht.

Nicht dass dahinter ein Automatismus stünde, das sicher nicht.

Das wäre nicht nur vermessen, sondern auch ein bisschen dumm. Denn manche Abläufe in der Welt sind nun mal sehr stark kausal bestimmt. Aber wo immer diese feste Bestimmung nicht vorhanden ist, die Welt und die Zukunft uns Freiheitsgrade lässt, da ist Raum für eine gut platzierte und gut intendierte Vorstellung und Imagination.

Dabei liegt das Kunststück darin, eine gute Intention zu finden. Denn nicht jeder alberne Wunsch wird allein dadurch wahr, dass ich mir das Ergebnis vorstelle. Offenbar gehört es irgendwie zum Gewebe dieser Welt dazu, dass wir uns in innere Harmonie mit unserem tieferen Ziel, mit unserer eigentlichen Bestimmung begeben. Wenn wir diese dann irgendwann erspüren – durch eine Einsicht, in einem Traum, in einer Vorstellung – und diese Vorstellung dann lebendig halten, immer wieder, dann haben wir eine gute Chance, dass unser Bild zur Wirklichkeit wird. Aber nur dann. Daher ist der eigentliche Schritt, diese unsere tiefere Natur aufzuspüren. Dafür brauchen wir, zuallererst und immer wieder, innere Ruhe und inneren Frieden, damit wir auf sie hören können. Und dazu hilft als erster Schritt das Abschalten von allen äußeren und den meisten inneren Bildern. Daher ist echte Vorstellungs- und Imaginationsarbeit vor allem das Aufgeben aller Bilder, damit die echten und wahren Bilder, die sich in uns zeigen wollen, ihre Wirksamkeit entfalten können.

**PROF. HARALD WALACH, Diplom-Psychologe, promoviert in klinischer Psychologie und Wissenschaftstheorie/Wissenschaftsforschung; unterrichtet Achtsamkeit an der Med. Universität Poznan in Polen, Grundlagen der Philosophie in der Psychologie in Witten-Herdecke und ist ansonsten freischaffender Wissenschaftler und Autor.**

[1] Erstling, T. (2011). Krebs mit inneren Bildern behandeln. Selbst aktiv etwas tun. Ahlerstedt: Param Verlag.

[2] McGilchrist, I. (2009). The Master and His Emissary: The Divided Brain and the Making of the Western World. New Haven: Yale University Press.

# » *BE BRAVE AND PREPARED. HABE DEIN ZIEL VOR AUGEN UND ERREICHE ES!* «

KATJA KRUSE  →

» FÜR MICH IST DAS MOODBOARD EIN WERTVOLLES TOOL, UM VORFREUDE UND MOTIVATION ZU STÄRKEN UND FOKUSSIERT ZU BLEIBEN. «

Erste Erfahrungen im Arbeiten mit Moodboards machte ich während meiner Tätigkeit als Kommunikations- und Marketingmanager.

Nicht nur als Coach, Trainerin, Heilpraktikerin und zur psychologischen Beratung setze ich Moodboards ein, sondern auch zur Visualisierung meiner persönlichen Ziele. Sie sind ein hervorragendes Werkzeug, die eigenen Ziele zu definieren, den Weg dorthin zu visualisieren und vor allem, das Gefühl des Erreichens zu vermitteln.

Bereits während der Erstellung eines persönlichen Moodboards kann der Athlet in sich hinein spüren und sich mit seinen möglichen Motivations-»Kickern und Killern« auseinandersetzen. Es gibt ihm die Möglichkeit, Lösungen zu erarbeiten, sie zu visualisieren und zu lernen, mit möglichen Situationen in der Vorbereitungsphase und im Wettkampf positiv wie negativ, couragiert und gewinnbringend umzugehen. Neben Bildern lassen sich auf einem Moodboard auch wirkungsvolle verbale Anker setzen: Eine meiner Athletinnen stand als Titelverteidigerin bei einem internationalen Langdistanz-Triathlon am Start. Der Leitsatz »Ich komme als Siegerin und gehe als Siegerin« war neben dem Foto des gewonnenen Zieleinlaufs auf dem Moodboard platziert. Er begleitete sie mental durch das Rennen – mit Erfolg :-) Es gibt viele Beispiele aus meiner täglichen Praxis die zeigen, dass die Kraft der Visualisierung Mut erzeugt, das Selbstbewusstsein stärkt und damit die mentale und körperliche Leistungsfähigkeit positiv beeinflusst.

Auch für meine eigenen sportlichen Ziele hat sich der Einsatz von Moodboards bewährt. Wann immer es mir wichtig erscheint, füge ich Dinge hinzu oder ersetze sie. So entsteht eine motivierende Symbiose aus Bildern und Emotionen. Das Moodboard ist ein aktiver, lebendiger Begleiter auf dem Weg zum Ziel. Für mich ist es ein wertvolles Tool, um Vorfreude und Motivation zu stärken und fokussiert zu bleiben. Im Juli habe ich die Qualifikation und im Oktober den Ironman 2018 auf Hawaii geschafft! —

**KATJA KRUSE ist Deutsche Meisterin im Duathlon, Triathlon-Trainerin, Personal Coach und Heilpraktikerin. Sie begleitet Amateur- und Profisportler ganzheitlich auf dem Weg zu internationalen Erfolgen.**

# DIE RELEVANZ DER GEFÜHLE

Gefühle sind zutiefst mit unserem Wesen verbunden. Sie bestehen aus Wellen und Schwingungen und sind der Grundimpuls zur Verständigung mit unserer Umwelt. Wenn Sie Gedanken mit guten Gefühlen verknüpfen, eröffnen sich erstaunliche Perspektiven.

Möglicherweise fragen Sie sich jetzt, warum es in einem Buch über Moodboards ein Kapitel über die Relevanz von Gefühlen gibt. »Gefühl ist alles«, sagte schon Goethe in »Faust«. Gefühle haben mitunter nicht den besten Ruf, sind jedoch für jedes Lebewesen so essenziell wie die Grundbedürfnisse Trinken, Essen und Schlafen. Menschen werden krank, wenn sie den emotionalen Aspekten in ihrem Leben keine oder zu wenig Beachtung schenken. Auch der Bestsellerautor Dr. Frank Berzbach resümiert in seinem Buch »Die Form der Schönheit«, dass unsere Welt sehr viel schöner wäre, würden wir nur einen Bruchteil unserer persönlichen Energie auf die Pflege unserer Ge-

# »HANDLE WIE DU FÜHLST, UND FÜHLE WIE DU HANDELST.«

*PLINIUS D. J.*

danken und Gefühle verwenden. Jede psychische oder psychosomatische Störung ist auch eine emotionale. Für die Kreation Ihres Moodboards sind positive Gefühle von grundlegender Bedeutung. Stille kann Ihren inneren Stimmen, die Sie vielleicht häufig unterdrückt haben, Klarheit geben und sie zutage fördern.

## ACHTEN SIE AUF IHRE GEFÜHLE

Nur mithilfe Ihrer guten Gefühle werden Sie Zugang zu Ihren tatsächlichen Wünschen und Zielen haben. Als Kind haben Sie bestimmt auch nicht lange darüber nachgedacht, was Sie gerne machen, Sie taten einfach das, wonach Sie sich fühlten, wenn die Erwachsenen Sie ließen. Bei meiner Recherche stieß ich auf den bekannten amerikanischen TV-Produzenten und Moderator Fred Rogers (1928 – 2003) und seine gefühlvolle Lebenshilfesendung »Mister Rogers' Neighborhood«. Fred Rogers vermittelte Kindern, dass jeder Mensch ein Freund sein kann und grundsätzlich nicht wichtig ist, woher man kommt oder welche Hautfarbe man hat. Damit brach Fred Rogers damals ein Tabu in der Gesellschaft der USA und verkörperte für viele seiner Zeitgenossen die positiven Eigenschaften von Empathie und Akzeptanz. Zeit seines Lebens vertrat er auch vehement die Ansicht, dass wenn wir auf unsere Gefühle achten und diese in den Griff bekommen, wir eine Menge für unsere mentale Gesundheit tun. In diesem Jahr erscheint ein Film über ihn und seine Sendung mit dem Schauspieler Tom Hanks als Mister Rogers. Wir Deutsche haben eher gute Erinnerungen an »Die Sendung mit der Maus«, oder Peter Lustig in »Löwenzahn«. Ein ähnliches Prinzip. Und warum? Weil Kindern relevante Informationen auf gefühlvolle und liebenswerte Weise vermittelt wurden. Daher meine Empfehlung, bei der Gestaltung Ihres Moodboards vor allem auf Ihre guten Gefühle zu achten.

## GEFÜHLE UND EMOTIONEN

Gefühle sind mit unserem Wesen verbunden, sozusagen der uns eigene, innere Antrieb, und sie äußern sich vor allem über den Körper. Sie sind der aktive Grundimpuls für die Verständigung mit der Umwelt, mit anderen Menschen, Lebewesen, Dingen und der Natur. Als Baby empfinden wir das Gefühl von Hunger, von Geborgenheit, zeigen mit einem Lächeln, wenn wir zufrieden sind, oder weinen, wenn wir uns nicht wohlfühlen. Geht es Ihnen auch so, dass wenn Sie jemandem begegnen, Sie augenblicklich fühlen, ob Sie die Person mögen? Sie können es körperlich spüren, wenn Ihnen jemand oder etwas besonders gefällt und reagieren automatisch. Mit acht Jahren bekam ich mein erstes Fahrrad geschenkt und erinnere mich noch heute an die Farbe. Ganze Nachmittage habe ich nach der Schule damit verbracht, die Welt unseres Dorfes zu erkunden. Das großartige Gefühl von Freiheit, schneller als nur mit den eigenen Füßen an andere Orte zu gelangen, wenn ich es wollte, kann ich noch heute aufrufen. Diese Empfindungen sind verankert in unserem tiefsten Inneren und solche Gefühle können wir nicht einfach abstellen. Mit Sicherheit haben auch Sie Erinnerungen an besondere Augenblicke Ihrer Kindheit. Holen Sie sie in die Gegenwart und spüren Sie das noch immer vorhandene wunderbare Gefühl.

Emotionen sind Stimmungen, die im Rahmen von persönlichen Erlebnissen im Gedächtnis verankert sind, beinhalten jedoch Meinungen, Vorstellungen und Absichten anderer, was nicht unbedingt vorteilhaft ist. Durch Visualisieren können Sie Emotionen jedoch bewusst zu Ihrem persönlichen Vorteil einsetzen. Mit Visualisieren bezeichnet man das geistige Vorstellen von Dingen oder Ereignissen, noch bevor sie eintreten. Es ist beispielsweise auch Bestandteil des mentalen Trainings bei Sportlern zur Vorbereitung auf den Wettkampf. Mithilfe von Bildern und Filmen wird die Vorstellung des perfekten Sprungs oder Laufs trainiert, inklusive des magischen Moments, als Sieger auf dem Treppchen zu stehen. Sie haben bestimmt schon einen Spitzensportler gesehen, der vor dem Start mit geschlossenen Augen ruhig dasteht. Zur Konzentration und Steigerung seiner Motivation wendet er wahrscheinlich gerade genau diese Technik an und ruft dabei Bilder und Gefühle ab.

Das Moodboard unterstützt Sie nicht nur dabei herauszufinden, was Ihre Ziele sind; indem Sie es regelmäßig anschauen und die damit verbundenen guten Gefühle spüren, setzen Sie einen inneren Prozess in Gang. Wenn wir das Beste in der Zukunft erwarten, wird es einfacher, die Dinge positiv anzugehen und auch wahrscheinlicher, dass Sie Ihr Ziel erreichen.

# DIE FREQUENZ VON GEFÜHLEN

Um zu verstehen, warum unsere Gefühle grundsätzlich und im Speziellen für die Erstellung Ihres Moodboards von großer Bedeutung sind, gehen wir ein wenig in die Physik. Nicht unbedingt mein Lieblingsfach, daher das Folgende nur kurz und vereinfacht. Technisch gesehen, besteht alles im Universum, sowohl Materie und Energie wie Gefühle und Emotionen, aus Wellen und Schwingungen, die unterschiedliche Frequenzen haben. Je langsamer die Wellen, desto niedriger die Frequenz, je schneller die Wellen, desto höher die Frequenz. Die Maßeinheit von Frequenzen nennt man Hertz. Hertz misst die Anzahl von Schwingungen bzw. Wellen pro Sekunde. Was Schwingungen oder Wellen über den Körper aussagen, kennen Sie beispielsweise vom EKG oder Ihrer regelmäßigen Pulskontrolle beim Arzt. Der Normalwert der Pulsfrequenz eines Erwachsenen liegt im Bereich von 60 bis 80, bei Kindern zwischen 80 und 110 Herzschlägen pro Minute. Das entspricht in etwa einer Wellenlänge von 1,33 – 1,83 Hertz pro Sekunde. Daher befindet sich eine

# *DURCH VISUALISIEREN KÖNNEN SIE EMOTIONEN BEWUSST ZU IHREM PERSÖNLICHEN VORTEIL EINSETZEN.*

gesunde und permanente Schwingungsfrequenz im menschlichen Körper in diesem Bereich, außer bei kurzzeitigen anstrengenden Tätigkeiten wie beispielsweise beim Sport. Fühlen wir uns gut, liegt es daran, dass wir etwas Positives erleben oder wir uns vermehrt mit positiven Gedanken beschäftigen, dann haben wir eine höhere Frequenz. Wenn wir uns schlecht fühlen, haben wir tatsächlich negative Erlebnisse oder Gedanken und eine niedrige Frequenz. Für die Kreation Ihres Moodboards ist eine bestimmte Frequenz und damit einhergehend das Vorherrschen von positiven Gefühlen notwendig.

## DER GOLDENE SCHNITT

Weiter oben erwähnte ich, dass eine Fotografie erst zu etwas Besonderem wird, wenn sie uns besonders berührt. Dasselbe gilt für Gemälde, für Bilder allgemein. Das Besondere kann darin liegen, dass jemand oder etwas uns Bekanntes abgebildet ist oder etwas, das eine Saite in uns zum Schwingen bringt. Dieser Effekt kann sich auch einstellen, wenn das Bild auf besondere Weise ästhetisch gestaltet ist, etwa durch den Einsatz von Licht und Schatten, die Komposition der Bildbestandteile und den Aufbau des Gezeigten.

Ein besonders wirkungsvoller Aspekt der Ästhetik, der bei uns positive Gefühle weckt und sie stärkt, ist der »Goldene Schnitt«, auch »Phi« genannt. Der goldene Schnitt (auch lat. proportio divina, göttliche Teilung, genannt) bezeichnet zwei unterschiedliche Größen, Zahlen oder Längen, die im Verhältnis von 1 : 1,618 zueinander stehen. Bei einer Zweiteilung steht dabei das Ganze zum größeren Teil im gleichen Verhältnis wie der größere Teil zum kleineren. Dass dieses Proportionenverhältnis unser Gefühl für Ästhetik auf besondere Weise anspricht, wurde schon in der Antike entdeckt. Alles, was dieses »ideale Verhältnis« darstellt, übt eine Anziehungskraft auf uns aus und wir empfinden es als wohlproportioniert. Die Blütezeit der Anwendung war die Renaissance und es entstanden vor allem Gemälde und Bauwerke, denen dieses für das menschliche Auge harmonische Verhältnis zugrunde liegt.

## MATHEMATISCH BERECHNETE ÄSTHETIK

Der Italiener Leonardo Fibonacci (1170-1240), einer der bedeutendsten Mathematiker seiner Zeit, hat erstmals versucht, das dem Goldenen Schnitt zugrundeliegende System auch für Nichtmathematiker zu beschreiben. Das »Phänomen der göttlichen Ordnung« ist die nach ihm benannte »Fibonacci Zahlenfolge«, eine im ersten Moment völlig zusammenhanglose Aneinanderreihung von Zahlen: 1, 1, 2, 3, 5, 8, 13, 21, 34, 55, 89 usw. Sie erklärt sich jedoch wie folgt: Wenn die beiden jeweils aufeinanderfolgenden Zahlen addiert werden, ergibt das innerhalb der Fibonacci-Folge die nächste Zahl. Ein Beispiel: (1+1=2 und 1+2=3, dann 2+3=5) Die Addition der ersten beiden Zahlen ergeben die dritte Zahl usw. Je weiter die Zahlenfolge, umso genauer nähert sich das Ergebnis der Zahl Phi, also dem Goldenen Schnitt an.

Wenn man die Zahlenfolge in eine geometrische Form bringt, entsteht eine Logarithmische Spirale, die mannigfaltig in der Natur auftritt, z. B. bei einem Schneckenhaus, bei der Anordnung von Blütenblättern und in der Verästelung von Bäumen. Auch die Gliedmaßen des menschlichen Körpers folgen dem Goldenen Schnitt und sind damit äußerst funktional und die Proportionen schön anzusehen.

Eine ästhetisch ansprechende Gestaltung ruft in unserem Empfinden also eine positive Resonanz hervor. Machen Sie sich diesen unterstützenden Effekt zunutze und gestalten Sie Ihr Moodboard nach diesen Erkenntnissen. Setzen Sie Highlights, betonen Sie das Wichtige, ordnen Sie die Elemente nach dem idealen Verhältnis des Goldenen Schnitts oder legen Sie eine Goldene Spirale an. Probieren Sie es einfach aus; unten finden Sie eine Darstellung der Fibonacci-Zahlen als Quadrate und Rechtecke, die im Verhältnis des Goldenen Schnitts zueinander stehen. Wenn man in jedes Quadrat einen Viertelkreis einzeichnet, entsteht die Goldene Spirale, die uns in der Natur beispielsweise als Muschel oder beim Entfalten eines Farntriebs begegnet.

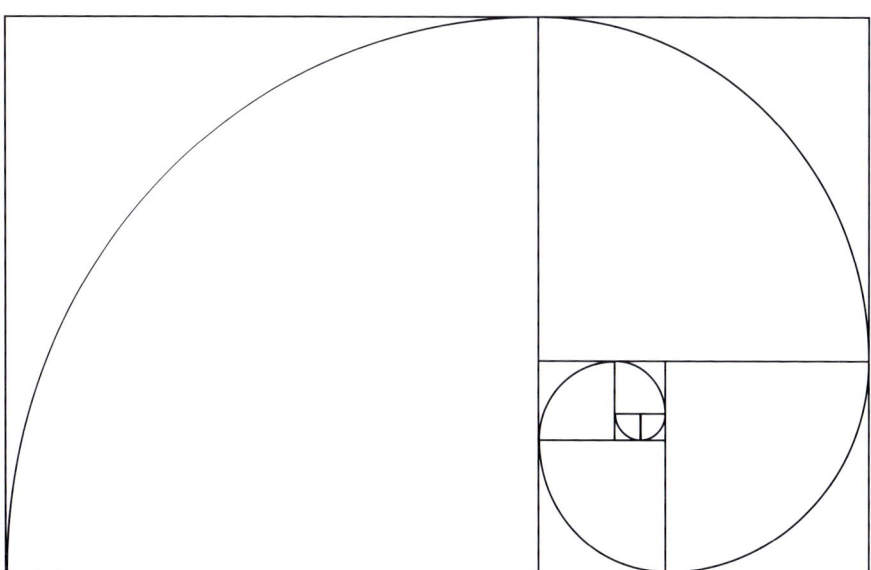

Die goldene Spirale verbundener Viertelkreise als Beispiel harmonischer Gestaltung.

## MUSIK UND GEFÜHLE

Musik ist eine wunderbare Methode, positiv auf unsere Gefühle einzuwirken, da Rhythmus und Musik eng mit dem Takt unseres Herzens verbunden sind. Mit einem Tempo von 60 BPM (Schlägen pro Minute) wirkt Musik enorm beruhigend auf unseren Körper und den Geist. Sie kann Geschichten erzählen, die uns berühren, und damit zeigen, wie es in unserer Seele aussieht. Aber warum erzeugt Musik Gefühle? Weshalb ist es so, dass sie uns manchmal wie ein Blitz trifft, uns glücklich macht, zu Tränen rührt, uns an Menschen und Erlebnisse der Vergangenheit erinnert oder uns an bestimmte Orte versetzt? Ich liebe diese Gefühle, auch wenn ich während eines Konzerts ein ganzes Päckchen Taschentücher ihretwegen verbrauche.

Nicht nur ich frage mich, wie sie das eigentlich schafft, auch die Hirnforschung interessiert sich für die emotionale Wirkung von Tönen und bezeichnet Musik als globales Phänomen, als kulturverbindende Sprache. Unser Gefühl verknüpft Musik mit besonders emotionalen Momenten, der rhythmische Anteil der Musik fährt direkt in den Hirnstamm. Es soll tatsächlich einige musikalische Parameter geben, wie beispielsweise »432 Hertz«, die Herzfrequenz für die natürliche Grundstimmung unseres physischen und energetischen Körpers. Was mich erstaunte, war die Tatsache, dass bereits die alten Meister wie Bach, Mozart und Beethoven genau den Kammerton a' bei allen Instrumenten auf genau 432 Hertz abgestimmt hatten. Ich frage mich, warum er ab 1939 bis heute in vielen Ländern der Erde auf 440 Hz geändert wurde, obwohl die damaligen Komponisten bis heute Megastars sind. Wenn Sie auf Spotify »Hz 432« eingeben, erhalten Sie Playlists mit TOP Interpreten wie Sting, The Script, John Legend, Coldplay, Pharrell Williams, Justin Timberland, Maroon 5, Bruno Mars, Ed Sheeran und weitere, deren Musik auf den Kammerton a' auf 432 Hz, den harmonisierenden Ton für unsere Seele und den Körper, abgestimmt sind. Die Internetwelt ist wieder in Ordnung. Warum erzähle ich Ihnen das? Weil es mir wichtig genug erscheint, Sie darauf aufmerksam zu machen, sich ausschließlich positiven Klängen auszusetzen, während Sie Ihre Wünsche und Ziele für Ihr Moodboard festlegen.

# WÄHLEN SIE FÜR DIE GESTALTUNG IHRES MOOD-BOARDS AM BESTEN EINEN RAUM, DER FRIEDVOLL UND LIEBEVOLL AUF SIE WIRKT.

## HARMONISIERUNG DURCH SCHWINGUNG

Unter dem Aspekt, dass der menschliche Körper zu mehr als 80 Prozent aus Wasser besteht, wollte ich Ihnen auch das Folgende nicht vorenthalten. Der japanische Frequenzforscher und Autor Dr. Masaru Emoto (1943-2014) konnte nachweisen, dass Wasser ein Gedächtnis hat und Schwingungen speichert. Er entwickelte eine Technologie, mit der er darstellen konnte, dass und

auf welche Weise Emotionen, Gefühle und Gedanken Wasser beeinflussen und so dessen physikalische Form verändern. In mehr als dreißig Jahren Forschung zeigen Fotografien seiner gefrorenen Wasserkristalle, dass harmonische Schwingungen hexagonale Kristalle bilden, dagegen unharmonische ein eher wirres Cluster produzieren. So haben beispielsweise positive Worte und Gedanken, ebenso die Musik von Mozart und Beethoven stets symmetrische Auswirkungen auf die Kristallbildung. Bei Heavy Metal sind die Darstellungen eher unausgeglichen und verzerrt. Die schönsten Kristalle jedoch entstanden bei den Worten Liebe und Dankbarkeit, so Dr. Emoto. Für mich Grund genug, bewusst zu entscheiden, welchen Schwingungen ich mich künftig nach Möglichkeit aussetze. Daher wählen Sie für die Gestaltung Ihres Moodboards am besten einen Raum, der friedvoll und liebevoll auf Sie wirkt. Wenn das zu Hause nicht möglich sein sollte, gehen Sie bei schönem Wetter in den Wald oder an einen Ort, den Sie als schön und harmonisch empfinden.

## DIE WIRKUNG VON FARBEN

Vielleicht haben auch Sie schon Erfahrungen mit der Wirkung von Farben gemacht. Wie groß ihr Einfluss sein kann, erfuhr ich, als wir vor einigen Jahren in unseren Agenturräumen regelmäßig Ausstellungen präsentierten. Nach einer Weile bemerkte ich eine Veränderung der Stimmung bei den Mitarbeitern, je nach Farben der Exponate. Eines Tages tauschte ich ein großes rotes Bild in dem Raum mit temperamentvollen Personen

gegen ein blaues, das vorher in einem Raum mit einem ruhigen Team hing. Danach waren beide Abteilungen wesentlich ausgeglichener. Das lag daran, dass Farben einer subjektiven Wahrnehmung unterliegen und die Sinne berühren. Sie lösen beim Betrachter unterschiedliche Assoziationen und Emotionen aus. Rot beispielsweise kann die Pulsfrequenz ankurbeln und damit den Blutdruck anheben. Blau dagegen ist die am wenigsten aktivierende und aufregende Farbe.

Besonders die Reaktionen auf eine Ausstellung, die ausnahmsweise im Herbst begann, waren bemerkenswert. Die großformatigen Werke des Künstlers waren zu etwa 95 Prozent in den Farben Schwarz-Grau und Weiß gehalten und zeigten nur minimale Partikel von Rot, Blau und Gelb. Nach drei Wochen mussten wir die Ausstellung beenden, weil wir spürten, wie negativ sich diese Bilder vor allem in der dunklen Jahreszeit auf die Mitarbeiter auswirkten.

Farben haben Wellenlängen und Frequenzen. Violett beispielsweise hat die kürzeste Wellenlänge und die höchste Frequenz, Rot die längste Wellenlänge und niedrigste Frequenz. Farben beeinflus-

AKTIV, PLAKATIV, AUFMERKSAMKEITSERREGEND, APPETITANREGEND, WÄRMEND, LEIDENSCHAFT, LIEBE, HITZE, SCHÄRFE, DYNAMIK, GESCHWINDIGKEIT, ACTION, MUT, WICHTIGKEIT

STIMULIEREND, OPTIMISMUS, APPETITANREGEND, AKTIV, FREUNDLICH, JUGENDLICH, FERNWIRKUNG, WÄRME, ENERGIE, WANDEL, KREATIVITÄT, GESELLIGKEIT, LEBENSFREUDE

KONZENTRATIONSFÖRDERND, FREUNDLICH, SOMMER, SONNE, LICHT, ERLEUCHTUNG, HEITERKEIT, INTELLEKT, KOMMUNIKATION, OFFENHEIT, LIBERALISMUS, OPTIMISMUS

BERUHIGEND, ERFRISCHEND, STATISCH, FARBE DES AUSGLEICHS UND DER MITTE, RUHE, BALANCE HOFFNUNG, WACHSTUM, GELD, NATUR

STILL, FRISCH, KALT, LUFT, REINHEIT, SAUBERKEIT, KLARHEIT, KÄLTE

BERUHIGEND, KÜHL, DISTANZIERT, IN DEN HINTERGRUND TRETEND, WINTER, HIMMEL, WEITE, WASSER, FERNE

BERUHIGEND, NEUTRAL ZWISCHEN KALT UND WARM, SERIOSITÄT, TIEFE, FANTASIE, MAGIE, MEDITATION SEHNSUCHT, UNENDLICHKEIT, REICHTUM, EROTIK

AKTIV, PLAKATIV, WARM, FEMININ, FRAUENPOWER, ROMANTISCH, EINFÜHLSAM, FREUNDLICH, ZAR

UNAUFGEREGT, ZURÜCKHALTEND, HERBST, ERDIG, ORGANISCH, NATÜRLICH, BEHAGLICH, KONSERVATIV, TRADITIONELL

NEUTRAL, KÜHL, ZURÜCKHALTEND, URBANITÄT, ALTER, WEISHEIT, SERIOSITÄT, SACHLICHKEIT, KOMPETENZ

ZURÜCKHALTEND, HELL, NEUTRAL, LICHT, UNSCHULD, REINHEIT, VOLLKOMMENHEIT, UNENDLICHKEIT, FRIEDEN, NEUANFANG, ERLEUCHTUNG

BRINGT ANDERE FARBEN ZUM STRAHLEN, SERIOSITÄT, GLAUBWÜRDIGKEIT, ELEGANZ, EROTIK

# DENN NUR MIT IHREM GUTEN GEFÜHL FINDEN SIE DEN WEG ZU SICH UND DEM, WAS SIE SICH WIRKLICH WÜNSCHEN.

sen Gedanken und Gefühle, ohne dass uns dies bewusst sein mag. Die Farbpsychologie hat mit der Werbung schon lange Einzug in unser tägliches Leben gehalten. Das bedeutet natürlich auch, dass Sie beispielsweise bei der Grundfarbe Ihres Moodboards die Wirkung der Farben berücksichtigen könnten.

## TABELLE DER GEFÜHLE

Diese Emotionsskala des amerikanischen Bestsellerautors Dr. David R. Hawkins ist nur eine von vielen, die im Laufe der vergangenen Jahrzehnte entwickelt wurden. Sie ist kompakt und zeigt auf einen Blick, welche Emotionen den einzelnen Ebenen zugeordnet werden, welche positiv oder negativ sind. Der Gedanke, warum ich diese Tabelle integriert habe, ist einfach, jedoch enorm wichtig für die Erstellung Ihres Moodboards: Das gute Gefühl! Denn nur mit Ihrem guten Gefühl finden Sie den Weg zu sich und dem, was Sie sich wirklich wünschen.

Was glauben Sie, welche Emotionsstufen besonders geeignet sind, einen neuen, konstruktiven Weg einzuschlagen? Aus meiner persönlichen Erfahrung beginnt die kleine Flamme Ihres Herzens bei Optimismus, setzt sich fort mit positiven Erwartungen, Glaube, Begeisterung, Enthusiasmus, Leidenschaft bis hin zu Freude, Wertschätzung und Liebe. Versuchen Sie, für die Gestaltung und die Umsetzung Ihres Moodboards sowie die Umsetzung Ihrer Wünsche und Ziele möglichst die oberen vier Emotionen einzusetzen.

## SCHEITERN UND GEFÜHLE

Wenn Ihre Gedanken mit guten Gefühlen verbunden sind und Sie dieselben guten Gedanken über mehrere Wochen täglich bewusst wiederholen oder automatisch denken, entstehen neue neuronale Verbindungen in Ihrem Gehirn. Es nimmt folglich eine veränderte Struktur an und richtet wie selbstverständlich die Aufmerksamkeit auf die positiven Dinge. So würde ich auch die Wirkung des Moodboards erklären. Mit der Entwicklung und dem täglichen Betrachten bringen wir Aufmerksamkeit und

positive Gefühle auf das, was wir uns wünschen: schöne Ereignisse, materielle Wünsche, ja sogar Menschen. Der Biologe Dr. Ulrich Warnke bestätigt, dass der Geist in der Lage ist, Materie zu steuern, und jeder Gedanke, der mit einem Gefühl verbunden ist, eine Molekülveränderung zur Folge hat.

Die Neurowissenschaft hat herausgefunden, dass Kinder sich nicht in komplizierten Gedankengängen verlieren, sondern aufgrund ihres angeborenen Gefühls agieren. Prof. Dr. Dr. Gerald Hüther nennt das »die Grunderfahrung inniger Verbundenheit und des eigenen Wachstums«. Kinder folgen ihrer Begeisterung und damit auf natürliche Weise ihren Gefühlen. Sie tun das, was ihnen Freude macht, wenn man sie denn lässt. Das gibt ihnen die Möglichkeit, zu üben, aus Fehler zu lernen und Veränderung zuzulassen, was zu ihrer persönlichen Entwicklung beiträgt. Uns Erwachsenen wurde diese Fähigkeit aberzogen, daher empfinden wir Fehler und Veränderungen als ein Desaster und nicht als das, was sie tatsächlich sind, Lebenserkenntnisse, mit denen die Möglichkeit verbunden ist, neue Herausforderungen anzugehen.

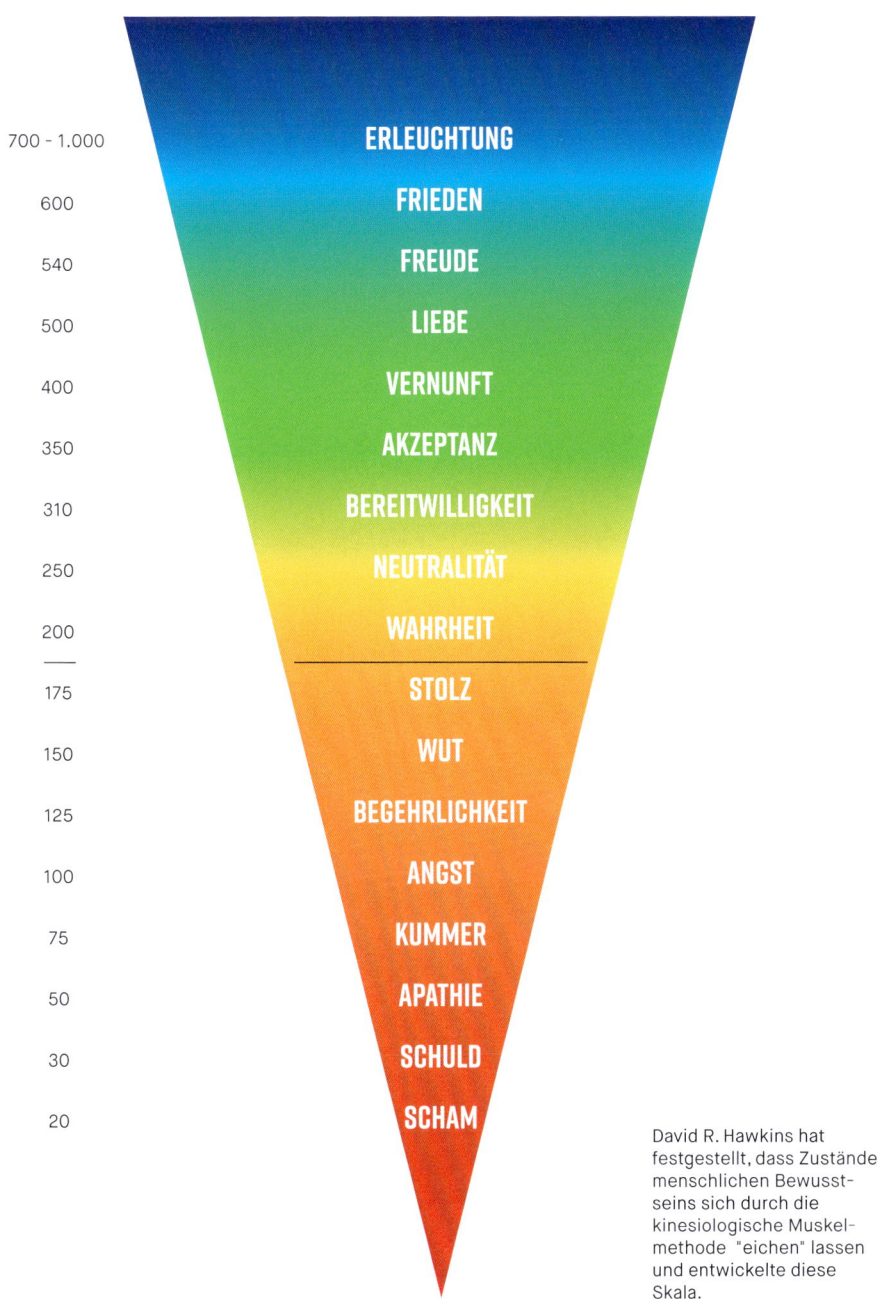

| | |
|---|---|
| 700 - 1.000 | ERLEUCHTUNG |
| 600 | FRIEDEN |
| 540 | FREUDE |
| 500 | LIEBE |
| 400 | VERNUNFT |
| 350 | AKZEPTANZ |
| 310 | BEREITWILLIGKEIT |
| 250 | NEUTRALITÄT |
| 200 | WAHRHEIT |
| 175 | STOLZ |
| 150 | WUT |
| 125 | BEGEHRLICHKEIT |
| 100 | ANGST |
| 75 | KUMMER |
| 50 | APATHIE |
| 30 | SCHULD |
| 20 | SCHAM |

David R. Hawkins hat festgestellt, dass Zustände menschlichen Bewusstseins sich durch die kinesiologische Muskelmethode "eichen" lassen und entwickelte diese Skala.

Das Moodboard ist eine wunderbare Technik, Ihre Wünsche zu finden und ihnen zu folgen. Auch wenn sie noch unreal erscheinen, das gute Gefühl bestärkt Sie darin. Bei der Umsetzung kann es, wie im ganz normalen Leben auch, zu Erfahrungen kommen, die nicht Ihrer ursprünglichen Vorstellung entsprechen. Das passiert nun einmal, wenn andere Menschen mit eigenen Wünschen und Vorstellungen involviert sind. Zum Beispiel ist der neue Job nicht das, was Sie sich erträumt haben, eine Freundschaft oder Beziehung stellt sich als enttäuschend heraus. In solchen Situationen lernt man sich selbst, die involvierten Menschen und Umstände besser einzuschätzen. Lassen Sie sich dadurch nicht von Ihrem Plan abbringen. Sie haben etwas dazugelernt und fokussieren sich nun auf Ihr nächstes Ziel.

## AM ANFANG WAR DAS GEFÜHL

Ende 2017 erschien das Buch »Im Anfang war das Gefühl« des Neurowissenschaftlers Prof. Dr. Antonio Damasio. Er widmet sich seit vielen Jahren unter anderem den biologischen Ursprüngen menschlicher Kultur und vermittelt, wie erst menschliche Gefühle diese haben entstehen lassen.

Dieser Ansatz würde die These bestätigen, dass Gedanken erst in Verbindung mit Gefühlen Neues kreieren. Dr. Damasio unterstreicht die Relevanz etwa so: Das Ignorieren von Gefühlen ist, als ob ein Elefant inmitten einer Party steht und niemand über ihn redet. Besser lässt sich nicht formulieren, wie man etwas derart Offensichtliches zu missachten versucht. Der Mensch reagiert auf äußere Sinneswahrnehmungen mit der Änderung seines inneren Milieus, der Homöostase, eine Art Selbstregulation zur Überwachung des Gleichgewichtszustands unserer Körpersysteme. Das Gehirn sei dabei der Diener des Körpers und nicht etwa umgekehrt. Könnte das bedeuten, dass wenn Ihr Moodboard auf einer emotionalen Grundlage gestaltet wird, der Verstand dem einfach nur noch zu folgen braucht?

## ANGST VOR VERÄNDERUNG

Menschen verändern sich zeitlebens. Wir leben jedoch vielmehr unsere Prägungen, als unserem persönlichen Gefühl zu folgen. Da-

# DEN EIGENEN WEG ZU SUCHEN UND ZU GEHEN, KANN AUFWÜHLEND SEIN!

bei kennt uns niemand besser als wir selbst, denn wir verbringen das ganze Leben mit uns, jeden Tag rund um die Uhr. Die Impulse unseres Bauchgefühls kommen aus uns selbst und sind uns nicht anerzogen. Wenn wir unserem Bauchgefühl folgen würden, könnten wir uns selbst wieder näherkommen, ohne den Erwartungen anderer gerecht zu werden. Aber genau das fürchten wir, denn nur in diesem bekannten Netz fühlen wir uns vermeintlich sicher. Die Komfortzone zu verlassen, würde den freien Fall bedeuten oder das Floß ohne Ruder inmitten eines reißenden Flusses. Selbst wenn uns diese Unsicherheit und das Wagnis des Neuen auf unserem persönlichen Lebensweg weiterbringen würde, versuchen wir oft mit aller Macht im ungeliebten, aber bekannten Lebensbereich zu verweilen, auch wenn damit weiteres Unglücklichsein verbunden ist. Es gibt sogar Menschen, die panisch werden, wenn sich die Zahnpasta nicht am gewohnten Platz befindet. Den eigenen Weg zu suchen und zu gehen, kann ganz schön aufwühlend sein, weil mit dem Verlassen von Bekanntem oder Bewährtem Verlustängste und Gefühle des Scheiterns verbunden sind. Meine Eltern haben beispielsweise nie schwimmen gelernt und verboten, alleine ins Schwimmbad zu fahren, aus Angst, ich könnte ertrinken. Das Kraulen habe ich erst mit 46 Jahren gelernt und lebe in einer Stadt, in der Schwimmbäder ein Kulturgut sind. Auf all meinen Moodboards befindet sich das Bild einer guten Schwimmerin in einem langen, schönen Pool und ich schwimme so oft es möglich ist. Nehmen auch Sie Ihren ganzen Mut und setzen neue Ziele mit aussagekräftigen Bildern und der Hilfe eines Moodboards in die Tat um.

## GEFÜHLE UND GUTE VORSÄTZE

Die meisten von uns beginnen das neue Jahr mit guten Vorsätzen. Häufig ist jedoch nach einigen Wochen der Alltag wieder eingekehrt und die Absichten heften als unauffällige Merkzettel an der Kühlschranktür. Einer der Gründe ist möglicherweise, dass uns das »Warum« abhanden gekommen ist. Was auch immer dafür verantwortlich ist, die Situation macht uns nicht glücklich, wir greifen wieder nach Ersatzbefriedigung und der Kreislauf beginnt von vorne. Diese Kette lässt sich jedoch durchbrechen, und zwar mit Ihrem WARUM vor Augen. Der Philosoph Friedrich Nietzsche formulierte den Satz: »Hat man sein Warum des Lebens, so verträgt man sich fast mit jedem Wie.« Große Teile meiner Familie haben den Krieg erlebt und ich fragte mich, wie es möglich ist, dass Menschen angesichts schwerer Schicksalsschläge oder trotz Krisenzeiten in der Lage sind, zu überleben und seelisch heil zu bleiben. Sie müssen wohl einen unbeirrbaren Grund zum Weiterleben haben. Zu diesem Thema stieß ich auch auf den amerikanischen Autor Simon Sinek, der in seinem Buch »Frag immer erst: warum« darüber philosophiert, wieso Unternehmen, die in erster Linie ihrem »Warum« folgen, immer erfolgreich sind im Gegensatz zu denen, die das nicht tun. Übertragen wir diese Erkenntnis auf unser tägliches Leben, könnten wir demnach unsere Wünsche wesentlich ursächlicher angehen, also das »Wie« finden, wenn wir das »Warum« für unser Ziel kennen. Diese Frage lässt sich möglicherweise nicht ganz spontan beantworten und wir benötigen ein wenig Muße. Im nächsten Kapitel finden Sie dazu einige Fragen, die Ihnen helfen könnten, dies herauszufinden. Vielleicht wissen Sie es ja auch sofort: einen neuen Job, mehr Geld verdienen, mit dem Rucksack um die Welt reisen, einen Garten, in dem Sie Ihr eigenes Gemüse anbauen und ernten, ein Kunstwerk erschaffen, die Teilnahme an einem Wettbewerb, ein schickes Auto, ein neues Hobby, das Lernen einer neuen Fremdsprache oder ein Buch schreiben. Falls nicht, nehmen Sie sich eine Auszeit, schalten Ihr Handy ab und fühlen, was Ihnen Freude bereitet. Erkennen Sie mithilfe der Emotionsskala, welche positiven Gefühle hilfreich sind, und finden Sie heraus, was Sie bewegt und warum das so ist. Das stärkt enorm Ihre Motivation für Ihr erfolgreiches Moodboard.

## IKIGAI – LEBENSSINN AUF JAPANISCH

Die Japaner haben einen Begriff für alles, wofür es sich lohnt zu leben: Ikigai. Dieser Begriff steht für das Gefühl, dem Alltag einen Sinn zu geben oder etwas zu haben, wofür man morgens aufsteht. Jeder von uns hat Ikigai. Sinn im Leben und auch lohnende Ziele motivieren uns, »dranzubleiben«. Geht es Ihnen auch so? Wenn wir deprimiert oder nicht glücklich sind, kann uns bereits ein falsches Wort aus der Bahn werfen. Wenn wir dagegen den Tag hoch motiviert beginnen, fühlen wir uns stark und gehen auch wesentlich gelassener und

positiver mit schwierigen Situationen um. Die Suche nach dem persönlichen Ikigai lässt sich in allen Lebenssituationen einsetzen und besteht im Wesentlichen aus diesen vier Themenbereichen:

1. Was Sie lieben
2. Worin Sie richtig gut sind
3. Wofür man Sie bezahlt
4. Was die Welt braucht

Das möchte ich Ihnen anhand eines Beispiels erläutern. Eines meiner Familienmitglieder träumte seit Kindertagen vom Fliegen und lebte tatsächlich sein Ikigai. Mit 29 Jahren schenkte ihm ein Kunde den Flugschein, und weil der Beschenkte derart Freude daran hatte, es anderen beizubringen, hängte er danach gleich den Fluglehrerschein dran. Auch wenn er hauptberuflich andere Wege ging, seine Freizeit verbrachte er immer mit Fliegen. 20 Jahre war er Prüfer im Auftrag des Luftfahrt-Bundesamtes und natürlich wurde er für seine freudvollen Tätigkeiten auch entlohnt. Er lebte sein Ikigai und konnte sich vor Anfragen kaum retten. Vieleicht kann Ihnen diese japanische Philosophie eine Hilfestellung bei der Suche nach Ihrem

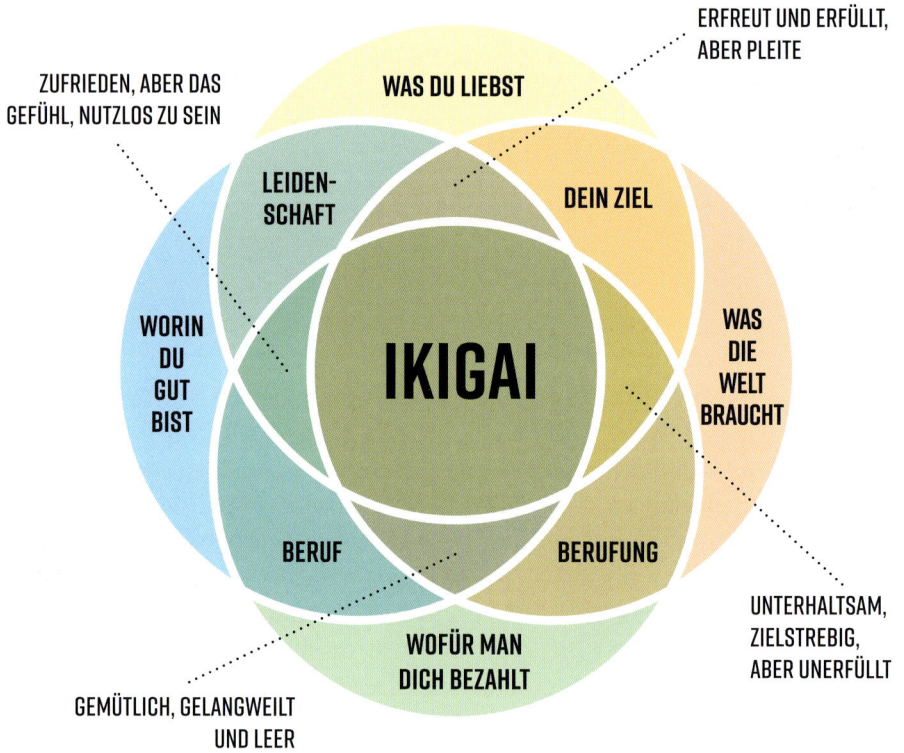

ZUFRIEDEN, ABER DAS
GEFÜHL, NUTZLOS ZU SEIN

WAS DU LIEBST

ERFREUT UND ERFÜLLT,
ABER PLEITE

LEIDEN-
SCHAFT

DEIN ZIEL

WORIN
DU
GUT
BIST

IKIGAI

WAS
DIE
WELT
BRAUCHT

BERUF

BERUFUNG

WOFÜR MAN
DICH BEZAHLT

UNTERHALTSAM,
ZIELSTREBIG,
ABER UNERFÜLLT

GEMÜTLICH, GELANGWEILT
UND LEER

Ikigai sein, das Sie anschließend mit Unterstützung eines Mood-boards angehen. Beginnen Sie mit einer Liste.

## GEFÜHLTER BALLAST

Im Laufe unseres Lebens haben wir eine Menge Ballast gesammelt. Um einen Moment zu zelebrieren, kaufen wir Dinge, die für unser Glück bei wiederholtem Nachdenken überflüssig sind. Besitzen auch Sie Dinge, an die Sie sich nicht mehr erinnern? Früher wurde fast alles aufbewahrt, weil man wenig besaß. Als Kinder hatten wir Riesenspaß, die alten Truhen und Schränke der Großeltern zu durchforsten. Mein Gott, waren wir neugierig, was für ein Glücksgefühl, Neues zu entdecken! Ich erinnere mich, dass eine Freundin regelmäßig die Spielsachen, mit denen ihre Kinder nicht

# ES IST IHR MOODBOARD, TRAUEN SIE SICH!

mehr spielten, wegräumte. Was würde passieren, wenn Sie Dinge, die Sie seit Jahren nicht mehr nutzen, einfach loslassen? Das ist nicht immer einfach, aber warum ist das so? Weil Sie diese Dinge mit Menschen, Situationen und Gefühlen verbinden. Kennen Sie den Bestseller »Simplify your Life«? Der Autor Tiki Küstenmacher schreibt, wie man Stück für Stück sämtliche Bereiche seines Lebens entrümpeln und damit eine höhere Lebensqualität erreichen kann.

»Döstädning« ist das schwedische Wort für »Death Cleaning«. Mit anderen Worten, das Ausmisten vor dem Tod, um die Hinterbliebenen nicht mit der Aufgabe des Entrümpelns zurückzulassen. Was würde passieren, wenn Sie sich einen Ruck geben, Ihre Besitztümer durchforsten und nach Relevanz sortieren? Verschenken Sie, was Sie nicht mehr brauchen! Das Loslassen gibt Ihnen Energie für Neues, für Wünsche und Ziele, die Ihnen schon lange am Herzen liegen.

## STATUSSYMBOLE UND GLÜCK

Die enormen Möglichkeiten der Kommunikation haben in den vergangenen Jahren, häufig bei jungen Menschen, einen Wandel über die Bedeutsamkeit von materiellen Dingen ausgelöst. In fast allen Kulturen war Besitz gleichzusetzen mit Macht, Verantwortung – aber auch mit Willkür und Unterdrückung. Doch es geht auch anders. Der Netflix-Film MINIMALISM ist eine Dokumentation über das Glück durch die Reduktion materieller

Dinge. Ein echter Pelz hat schon seit Jahren den Makel von Brutalität und Gefühllosigkeit, durch Carsharing ist das Auto nicht länger ein Statussymbol, Hauptsache man kommt praktisch von A nach B. Wir mieten Fahrräder an jeder Straßenecke »on demand« und teilen über Internetplattformen unsere eigenen vier Wände mit völlig fremden Menschen aus der ganzen Welt. Ausgediente Möbel und Klamotten werden nicht weggeworfen, sondern für kleines Geld online verkauft. Portale zum Tausch von Dienstleistungen sind der neueste Trend. Die einen wollen Sicherheit und Berechenbarkeit, die anderen Flexibilität und Freiheit. Die heutige Technologie garantiert uns auch auf Reisen eine gute Vernetzung. Wenn Sie sich noch immer getrieben fühlen von neuen Trends und Statussymbolen, können Sie ein Moodboard kreieren, auf dem Sie die wesentlichen Dinge Ihres Lebens anbringen – für mehr Lebensfreude!

## STARTEN SIE IHR MOODBOARD JETZT

Ein Moodboard zu starten ist immer eine gute Sache! Fragen Sie sich: Was genau wünsche ich mir?

Was bringt mir dieser oder jener Wunsch und vor allem: Könnte er mein Leben verbessern? Warum ist der Wunsch so wichtig für mich? Für wen oder was empfinden Sie ein großes Verlangen oder Leidenschaft? Stellen Sie sich vor, das Gewünschte bereits erreicht zu haben. Wie fühlt sich das an? Auch wenn Sie noch nicht ganz klar wissen, was Sie wollen, eines weiß ich gewiss: Wenn Sie wissen, was Ihnen wirklich wichtig ist, ist es viel einfacher, das Unwichtige zu ignorieren!

Es ist IHR Moodboard, trauen Sie sich! Erspüren Sie die Anziehung von bestimmten Bildern und Zitaten, vertrauen Sie Ihrem Bauchgefühl. Sie können alles jederzeit verändern, wenn Sie zu einer anderen Einstellung gekommen sind! Lassen Sie sich inspirieren und starten Sie Ihr Moodboard jetzt! Seien Sie offen und fühlen Sie Ihre unendlichen Möglichkeiten. Sie werden staunen, wohin es Sie bringen wird!

## MEINE PERSÖNLICHEN ERFAHRUNGEN

Angstgedanken differenzieren nicht zwischen der tatsächlichen, momentanen Situation und den gespeicherten Erlebnissen und Gefühlen der Vergangenheit. Ich war panisch darauf konditioniert, Krebs ausschließlich mit Leid, Schmerz und Tod zu verbinden, auch wenn es darüber hinaus eine riesige Bandbreite von Alternativen gibt, denn ich lebe. Vor allem die Liebe meiner Familie und die meiner Freunde hat maßgeblich dazu beigetragen, dass es mir gut geht. Es ist wissenschaftlich bewiesen, dass soziale Kontakte DIE lebensverlängernde Maßnahme schlechthin ist, noch vor sportlicher Betätigung und gesunder Ernährung. Und wenn Sie wissen, was Ihr Herz erfreut, tun Sie es einfach, egal, wie alt Sie sind. Der beste Beweis dafür waren meine Eltern. Obwohl sie beide nicht ohne Beschwerden gehen konnten, saß mein Vater noch im hohen Alter von 89 Jahren auf dem Traktor, um meinem Bruder bei der Ernte zu helfen. Und meine Mutter backte mit 90 Jahren die leckersten Torten und wie ihre Enkel bis heute behaupten, die »besten Brötchen der Welt«. Menschen sind glücklicher, wenn sie das Gefühl haben, gebraucht zu werden.

Ich gebe zu, dass ich nicht unbedingt zu den schnellsten Umsetzern von Änderungen zähle, wenn ich aber einmal anfange, gehöre ich zu den beharrlichsten. Ich begann, meinen Gefühlen mehr Aufmerksamkeit zu schenken und Aktionen zu starten, die ich für gut befand. Ich schrieb auf, was ich als Kind gerne gemacht habe, und Dinge, von denen ich bis heute begeistert bin. Jede Kleinigkeit, sei sie auch noch so banal. Und manchmal muss ich klar Schiff machen. Denn auch aus buddhistischer Sicht beginnt Veränderung mit Reinigung, also Ordnung. Wann immer ich meine Schränke aufräume oder in mein aufgeräumtes und sauberes Zuhause komme, fühle ich mich glücklich. In der Vergangenheit musste ich mich häufig von Dingen trennen, vor allem bei jedem meiner acht Umzüge, was mir oft leicht, jedoch manchmal schwerfiel. Ich hing an Dingen, die aber einfach nicht mehr zu meinem aktuellen Leben passten. Das Loslassen hat mich zufrieden gemacht, und persönlich weitergebracht. —

# »ICH WEISS, DASS MAN IM LEBEN FAST ALLES ERREICHEN UND BEKOMMEN KANN, WENN MAN ES WIRKLICH WILL.«

SILKE HANSEN →

# »ES BRAUCHT NICHT NUR DEN WUNSCH, SONDERN AUCH DEN MUT, ES WIRKLICH ZU TUN, WENN ES SO WEIT IST.«

Also ich meine wirklich will – so von ganzem Herzen. Na gut, natürlich nicht alles, aber sehr vieles. Viel, viel mehr, als man glaubt. Warum ich mir da so sicher bin? Ich habe es selbst erlebt!

Meine kleine Geschichte beginnt vor vielen Jahren. Ich machte gerade Abitur und arbeitete als Journalistin in der Sportredaktion einer Lokalzeitung. Unsere kleine regionale Ausgabe gehörte zu einem überregionalen Verlag und so kam es, dass uns Fotografen häufig unaufgefordert Fotos von Sportlern

aus aller Welt schickten. Ich war die Expertin für Tennis, interessierte mich aber damals schon für Motorsport. Eines Tages lag ein Schwarz-Weiß-Foto meines Lieblingssportlers auf einem der Tische. Der Mann meiner Träume war ein bekannter Rennfahrer. Ich durfte das Foto mitnehmen, hängte es zu Hause über mein Bett und träumte manchmal vor dem Einschlafen davon, wie es wäre, ihn zu treffen und mal mit ihm Kaffee trinken zu gehen.

Schon wenige Jahre später führte mich das Leben in den Motorsport. Allerdings in eine kleine unbekannte Rennserie – noch weit weg von der des Mannes meiner Träume. Das änderte sich jedoch im Laufe der Zeit. Mit Anfang 30 übernahm ich, neben meiner journalistischen Tätigkeit, die Wetterberatung für ein weltbekanntes Rennteam in einer der großen Rennserien und reiste während der Saison an den Wochenenden mit „meinem Team" um die Welt. Der Mann meiner Träume fuhr zwar keine Rennen mehr, war jedoch immer vor Ort. Manchmal sah ich ihn von Weitem und musste an das Foto denken, das vor vielen Jahren über meinem Bett hing. Gesagt habe ich aber nie etwas und erzählt habe ich davon auch niemandem. Dann kam dieser laue Sommerabend auf einer Dachterrasse im kanadischen Montreal. Es war wie in einem Hollywoodfilm – oder wie im Märchen. Meine Freundin und ich waren auf einer schicken Party eingeladen. Gerade angekommen stand plötzlich ein Freund vor mir und sagte: »Da ist jemand, der dich unbedingt kennenlernen möchte«. Ehe ich etwas sagen konnte, nahm er meine Hand, zog mich durch die Menschenmenge und da stand er plötzlich vor mir - lässig an das Geländer der Dachterrasse gelehnt: der Mann meiner Träume. Er sagte: „Schön, dass wir uns mal kennenlernen", war unglaublich nett, charmant und der Abend viel schöner als in all meinen Träumen. Über uns der Sternenhimmel, unter uns die Lichter der Stadt. In den folgenden Wochen schrieben wir uns oder telefonierten manchmal. Seine Einladungen zum Abendessen habe ich jedoch nie angenommen. Es braucht eben nicht nur den Wunsch, sondern auch den Mut, es wirklich zu tun, wenn es so weit ist. Der hat mir gefehlt.

Aber seit diesem Tag weiß ich, dass man alles im Leben erreichen und bekommen kann, wenn man es nur wirklich will. Manchmal muss man einfach nur ein bisschen länger darauf warten. —

**SILKE HANSEN, Leiterin der Wetter-Redaktion des Hessischen Rundfunks, moderiert Wetter in der ARD, ist nebenbei mehrmals um die Welt gereist, um ein Motorsportteam in Wetterfragen zu beraten, und liebt das Meer.**

» *NICHT WISSEN, WAS MAN ERREICHEN MÖCHTE ODER ZIELE AUS DEN AUGEN VERLIEREN, KOMMT JEDEM BEKANNT VOR.* «

FELIX MARIA ARNET →

# » *EINER DER VORTEILE VON MOODBOARDS: ES GIBT WEDER EINSCHRÄNKUNGEN NOCH GRENZEN.* «

Denn ob im Job oder im Privatleben: Wir werden ständig überfordert mit unzähligen Informationen und vergessen letztlich, worum es uns wirklich geht. Die unendliche Breite an Möglichkeiten und Gelegenheiten, die darauf warten, am Schopf gepackt zu werden, ist Fluch und Segen zugleich. Wir alle wissen ganz genau, was wir nicht wollen, tun uns aber schwer zu formulieren, was wir wollen. Um Informationsüberlastung und allgemeine Überforderung in Grenzen zu halten, selektiert unser Gehirn, welche Eindrücke und Informationen es für mehr oder weniger wichtig erachtet. So geschieht es, dass ein Großteil an Reizen nicht bewusst, sondern unbewusst wahrgenommen und abgespeichert wird. Wie erstmals durch den Psychologen Sigmund Freud bekannt wurde, wird menschliches Verhalten, insbesondere unsere Motivation, durch unbewusste Prozesse beeinflusst. Damals wie heute scheint es deshalb unerlässlich, unser Unbewusstsein anzuzapfen und damit in uns schlummernder Ängste, Wünsche und Träume transparent zu machen. Eine immer beliebtere Methode, um für Klarheit zu sorgen und den Fokus auf wesentliche Ziele, Träume oder Wünsche zu legen, ist die Verwendung von Moodboards. Hierbei handelt es sich um selbst erarbeitete Collagen, die das ganz persönliche Wunschziel abbilden. Bevor mit dem kreativen Teil der Methode gestartet werden kann, findet ein Gespräch zwischen Klient und Coach statt. Hierbei geht es darum, die wesentlichen Ziele und Wünsche des Coachees herauszuarbeiten und eine inhaltliche Basis für die später entstehende Collage zu schaffen. Eine Auswahl verschiedener Materialien, wie Bilder, Fotos, Zeitschriften, Überschriften o. Ä., die dem Coachee für das eigene Moodboard am passendsten erscheinen, können verwendet werden, um das persönliche Ziel am besten zu visualisieren.

Ähnlich wie beim Brainstorming entstehen hier durch neue Reize in Form des eben beschriebenen Materials immer wieder neue Assoziationen und Ideen, sodass während des Prozesses auch unbewusste Ziele aufgedeckt werden können. Beim modernen Coaching-Ansatz steht zielorientiertes Arbeiten im Vordergrund und es geht primär darum, dem Klienten Hilfestellungen an die Hand zu geben, die ihn dazu befähigen, Problemfelder aufzudecken und diese, mit Unterstützung des Coaches, zu bearbeiten. Daher wird unter anderem vermehrt

mit Bildern und Symbolen gearbeitet. Denn diese rufen automatisch Emotionen, Erinnerungen und Gedanken hervor, die in Gesprächen oftmals nur schwer erzeugt werden können.

Mit Unterstützung des Coaches wird dafür gesorgt, dass das ursprünglich formulierte Ziel nicht aus den Augen verloren wird. Einer der Vorteile von Mood- beziehungsweise Visionboards: Es gibt keinerlei Einschränkungen oder Grenzen. Klienten können ihrer Kreativität freien Lauf lassen, sind nicht festgelegt und haben immer die Möglichkeit, ihren Collagen etwas hinzuzufügen oder etwas abzuändern. Besonders populär ist das Instrument außerdem aufgrund seiner vielfältigen Einsatzmöglichkeiten. Alles in allem stellen Moodboards eine zeitgemäße Methode sowohl für Business-, Personal- oder Paar-Coachings, als auch für Einzel- und Gruppen-Coachings dar. —

**FELIX MARIA ARNET, Autor, Unternehmer und Business Coach, unterstützt Menschen bei persönlichem Wachstum und berät Unternehmen mit nachhaltigen Analysen, systemischen Tools und einzigartigen Umsetzungsideen.**

# MOODBOARDER WERDEN

In diesem Kapitel möchte ich Ihnen Anregungen geben, wie Sie Ihr Moodboard gestalten können und was Sie möglichst berücksichtigen oder vermeiden sollten. Beginnen Sie zu träumen und entdecken Sie neue Wege und Möglichkeiten, Ihrem wahren Ziel näherzukommen.

Das Ziel meines Buches ist vor allem, Sie zu inspirieren! Nur Sie wissen, was Sie wirklich wollen und warum. Die Frage nach dem Warum ist essenziell bei der Suche und späteren Umsetzung Ihrer Wünsche und Ziele. Als Kind hatten wir diese natürliche Veranlagung, immer zu fragen warum. Und warum ist das so? Kinder wollen einfach allem auf den Grund gehen. Erwachsene haben häufig aufgegeben, mit dem Herzen zu forschen und nach dem Warum zu fragen. Diesen Platz haben meistens die nüchterne Logik und eine gradlinige Verstandesorientiertheit eingenommen. Wäre die Antwort auf das Warum nicht auch für Sie eine gute Möglichkeit, sich selbst besser kennenzulernen, um in den Zielen und Wünschen den Sinn zu finden, der Sie begeistert?

# » JEDE GROSSE REISE BEGINNT MIT EINEM KLEINEN SCHRITT. «

*BUDDHA*

## ZIELE TRÄUMEN, FÜHLEN, PLANEN UND ERREICHEN

An dieser Stelle möchte ich Ihnen einige anregende Gedanken auf dem Weg zu Ihrem ersten Moodboard mitgeben.

Beginnen und beenden Sie Ihren Tag mit positiven Gedanken und Dankbarkeit. Das Gefühl, dankbar zu sein, ist enorm kraftvoll und wichtig, da wir oft vergessen, wie viel Positives in unserem Leben geschieht. Ein kleiner Stein vom Strand der Aphrodite auf Zypern, den ich stets in meiner Hosen- oder Jackentasche trage, erinnert mich daran, sobald ich ihn berühre. Eine Achtsamkeitsübung versuche ich stets einzuhalten: jeden Tag mit positiven Gedanken zu beginnen und zu beenden, zum Beispiel indem ich mich am Morgen frage, für welche schönen Dinge ich aufstehe, die schönen Momente und Ereignisse des Tages aufschreibe und laut vorlese, oder 15 bis 20 Minuten meditiere, was auch während des Tages möglich ist.

Ebenso kann Ordnung glücklich machen. Wann haben Sie zum letzten Mal Ihren Schreibtisch aufgeräumt, den Kleiderschrank oder die Wohnung? Empfinden Sie nicht auch anschließend ein sagenhaftes Gefühl der Erleichterung? Indem ich regelmäßig meinen Kleiderschrank durchforste und das aussortiere, was ich mehr als zwei Jahre nicht mehr getragen habe, befreie ich meine Aufmerksamkeit von diesen Dingen und jemand anderes freut sich darüber. Vielleicht gibt es ja eine Sache, die zu erledigen Sie

# DAS GEFÜHL, DANKBAR ZU SEIN, IST ENORM KRAFTVOLL!

schon länger vor sich herschieben oder die sie belastet; gehen Sie sie an! Sie werden sehen, es geht Ihnen danach viel besser.

Vor allem Musik ist für mich unschlagbar darin, die eigenen Gedanken auf schnelle Weise in die positive Richtung zu ändern. Hören Sie Ihre Lieblingsmusik, zu Hause, auf dem Weg zur Arbeit, gehen Sie ins Konzert oder zum Tanzen. Gehen Sie den Weg, der Sie glücklich macht. Tut er das nicht, ändern Sie einfach das Ziel!

Ersetzen Sie negative Gedanken möglichst umgehend durch positive und wiederholen diese. Das mag Ihnen vielleicht banal erscheinen, aber genauso entsteht Negatives, nämlich durch ständiges Abrufen. Gedanken werden zu Überzeugungen, im Positiven wie im Negativen. Ändern Sie Ihre Gedanken ins Positive und Sie werden erstaunt sein, wie Sie sich und Ihre Umwelt verwandeln.

## DER AUFTAKT ZUM EIGENEN MOODBOARD

Bevor ich Ihnen beschreibe, wie Sie ein Moodboard gestalten können, möchte ich Sie bitten, sich ein wenig auf Ihre Gefühle einzustimmen. Am besten suchen Sie sich dafür einen Raum, in dem Sie nicht gestört werden können. Haben Sie keine Angst innezuhalten und für sich selbst die nachfolgenden Fragen zu beantworten. Ihre Antworten können für die Erstellung Ihres Moodboards eine gute Unterstützung sein. Sind Sie bereit?

1. Denken Sie 30 Sekunden an einen oder mehrere Menschen, die Sie gefördert haben, und schreiben Sie die Namen auf.

..............................................

..............................................

..............................................

..............................................

..............................................

2. Was macht Ihr Leben schön und warum tut es das?

..............................................

..............................................

..............................................

..............................................

3. Was bereitet Ihnen Freude und weshalb ist das so?

..............................................

..............................................

4. Welchen Geruch aus der Kindheit möchten Sie noch einmal riechen?

..............................................

..............................................

..............................................

..............................................

5. Was möchten Sie gerne noch einmal hören?

..............................................

..............................................

..............................................

8. Was hat Ihnen als Kind Glücksgefühle bereitet?

..................................................

..................................................

..................................................

6. Was können Sie besonders gut?

..................................................

..................................................

..................................................

..................................................

9. Was würden Sie gerne können
und warum?

..................................................

..................................................

..................................................

..................................................

7. Was haben Sie bereits erfolgreich umgesetzt und warum
haben Sie das geschafft?

..................................................

..................................................

..................................................

10. Welche Ihrer Wünsche lassen
sich kurzfristig umsetzen?

..................................................

..................................................

**13. Wie könnte der nächste Schritt auf eines Ihrer Ziele aussehen?**

....................................................

....................................................

....................................................

....................................................

....................................................

**11. Was ist Ihr nächstes Ziel?**

....................................................

....................................................

....................................................

....................................................

....................................................

**14. Welche Bilder geben Ihnen ein gutes Gefühl und was ist der Grund dafür?**

....................................................

....................................................

....................................................

....................................................

**12. Was ist Ihr größter Traum und warum ist er das?**

....................................................

....................................................

....................................................

**15. Warum möchten Sie ein Moodboard starten?**

....................................................

....................................................

....................................................

Vielleicht konnten Sie das eine oder andere gute Gefühl ausgraben und sich Ihren Wünschen und Zielvorstellungen ein wenig nähern? Sehr gut! Jetzt möchte ich Sie bitten, aus Ihren Antworten wichtige Schlagworte oder kurze Sätze zu kreieren, die Sie auf dem Weg zu Ihren Wünschen und Zielen unterstützen und motivieren könnten. Tragen Sie diese in jeweils eines der Kästchen der folgenden Tabelle ein.

|  |  |  |
|---|---|---|
|  |  |  |
|  |  |  |
|  |  |  |

Nun übertragen Sie die für Sie wichtigsten Worte oder Sätze in großen, markanten Lettern, ein- oder mehrfarbig, in schönen Schriften mit Ihrem PC gedruckt oder per Hand auf ein Blatt Papier, ganz wie es Ihnen gefällt. Schneiden Sie die einzelnen Sätze und Worte aus und legen Sie sie auf ein Tablett. Sie dienen als Leitlinie für die Erstellung Ihres Moodboards. Und nun zeige ich Ihnen, wie Sie erfolgreicher Moodboarder werden können. Ich wünsche Ihnen dabei viel Freude!

# » FANTASIE IST WICHTIGER ALS WISSEN, DENN WISSEN IST BEGRENZT. FANTASIE ABER UMFASST DIE GANZE WELT! «

*ALBERT EINSTEIN*

Entschleunigung ist der Weg zur Langsamkeit, zur Ruhe und Selbstbesinnung, wonach sich viele Menschen sehnen. In der Hektik des Alltags mit Internet und Social Media-Präsenz haben wir uns weit von uns selbst entfernt. Daher möchte ich Ihnen ans Herz legen, Ihr Moodboard manuell anzugehen. Nehmen Sie die Zettel mit Ihren Schlagworten und Sätzen und begeben sich auf die Suche nach passenden Bildmotiven in Magazinen oder im Internet. Auf ihre Weise sind die Social Media-Plattformen wie Pinterest, Facebook, Instagram und Co. auch eine Art Online-Moodboard und als Quelle für passende Motive unerschöpflich. Das eine schließt ja das andere nicht aus. Sie könnten jetzt einwerfen, warum soll ich wieder mit Schere und Klebstoff arbeiten, wie altmodisch ist das denn? Meine Erfahrung zeigt jedoch, dass die haptische Beschäftigung einen körperlich vollkommen in den kreativen Prozess involviert und das Innere Kind zu strahlen beginnt. Widmen Sie sich mit ganzem Gefühl Ihrem positiven, sehr persönlichen Projekt. Genießen Sie das Suchen und Ausschneiden, das Hin- und Herschieben der Wunsch- und Zielmotive so lange, bis es für Sie passt. Lassen Sie sich vom Geruch des Klebstoffs zurückfallen in eine Zeit glücklicher Unbeschwertheit. Welche Methode Sie auch immer anwenden, ein Moodboard zu erstellen ist kein Hexenwerk, es ist eine freudvolle Beschäftigung!

## SCHRITT I: DAS BRAUCHEN SIE

Sollten Sie meiner Empfehlung folgen, benötigen Sie einen Untergrund, auf dem Ihr Moodboard entstehen kann. Beispielsweise eine Pinnwand oder eine Tafel. Ich verwende Passepartout-Pappen, die man in verschiedenen Größen im Bastelladen oder im Internet kaufen kann. Zudem gibt es sie in unterschiedlichen Farben, was den Vorteil hat, dass man dadurch die Stimmung des Untergrundes für Projekt-Moodboards emotional unterstreichen kann. Natürlich geht auch eine Pinnwand aus Kork, eine Magnet- oder Holzplatte, ein Gitter oder die Zimmerwand. Grundsätzlich ist jede Fläche nutzbar, die für Sie jederzeit gut sichtbar ist, auch eine Schrank- oder Zimmertür.

Sie benötigen also:

Bilder und Zitate aus Magazinen, Zeitschriften oder dem Internet und eine Schere

Buntes Papier für Ihre Affirmationen, Notizkarten, Haftnotizen

Buntstifte, Pinsel, Schreibgeräte, was immer Sie schön finden und Ihnen Freude bereitet

Klebstoff, Tesafilm, Reißzwecken, Magnete, je nach Beschaffenheit Ihres Moodboards

Nun machen Sie sich auf die Suche nach Bildern, die das von Ihnen Gewünschte zeigen. Quellen dafür sind Magazine mit den von Ihnen bevorzugten Themen, eigene Fotos und, wie bereits erwähnt, das Internet. Es können auch Zeichnungen oder Skizzen sein, ein Plan oder etwas Haptisches, z. B. ein Stück Stoff, ein getrocknetes Kleeblatt, ein Andenken an eine schöne Reise oder etwas, das für einen bestimmten Glücksmoment oder eine Botschaft steht – vielleicht ein

Kaugummipapier oder das Blatt einer Pflanze. Wählen Sie ausschließlich Bilder, Fotos und Dinge, die Ihnen gefallen, mit denen Sie Positives verbinden oder die Ihnen ein gutes Gefühl geben.

Sollten Sie noch keine passenden Bilder finden, sind Leitsätze und Schlagworte, mit denen Sie Motivation assoziieren, eine kraftvolle Affirmation, Ihre Aufmerksamkeit bei Ihren Zielen und Wünschen zu halten! Auch Zitate sind Super-Tools. In Verbindung mit den Bildern werden daraus kraftvoll visualisierte Botschaften, wie Sie auf einigen in diesem Buch abgebildeten Moodboards sehen können.

## SCHRITT 2: DIE IDEEN INS AUGE FASSEN

Wovon träumen Sie? Was wollten Sie schon immer machen? Vielleicht einfach nur Ihren Balkon oder Garten neu gestalten. Machen Sie Fotos oder suchen Sie in Gartenmagazinen Bilder mit den gewünschten Blumen, Pflanzen und anderen Gegenständen. Vielleicht würden Sie gerne in eine neue Wohnung umziehen? Dann suchen Sie sich Bilder Ihrer Traumwohnung. Oder ist es eine langersehnte Reise? Dann finden Sie Bilder, die diese Orte am gefühlvollsten wiedergeben. Möchten Sie eine weitere Fremdsprache erlernen? Wählen Sie die schönsten Worte dieser Sprache in einer ansprechenden Schrift und platzieren Sie sie neben sympathischen Gesichtern von Menschen, die diese Sprache sprechen. Sie sollten das Gefühl haben, sich mit ihnen zu unterhalten. Möglicherweise spielen Sie seit Längerem mit dem Gedanken einer beruflichen Neuorientierung oder möchten aus Ihrem Hobby einen Beruf machen. Was auch immer auf Ihrer Wunschliste steht, bringen Sie Ihre Gedanken und Gefühle in die Richtung Ihrer Ziele.

## SCHRITT 3: FÜHLEN SIE SICH GUT!

Wann und warum Sie mit Ihrem Moodboard beginnen – als Neuanfang, vor einer großen Herausforderung, für ein bestimmtes Projekt oder als Start in das neue Jahr –, der Zeitpunkt spielt keine Rolle; wenn Sie sich dabei gut fühlen, funktioniert es immer! Genießen Sie das Suchen, Finden und Sammeln, es darf ruhig eine Weile in Anspruch nehmen. Haben Sie keine Scham, das anzubringen, was

# HABEN SIE KEINE SCHAM, DAS ANZUBRINGEN, WAS SICH GUT FÜR SIE ANFÜHLT. DIE TRAUMFIGUR, DER WASCHBRETTBAUCH, ES IST IHR MOODBOARD UND ES SIND IHRE WÜNSCHE!

sich gut für Sie anfühlt. Die Traumfigur, der Waschbrettbauch, es ist Ihr Moodboard und es sind Ihre Wünsche! Das Smartphone ist eine wunderbare Hilfe, berührende Momente festzuhalten und das Internet eine unendliche Fundgrube für Ideen. Da Sie das Moodboard nur für sich selbst erstellen, brauchen Sie keine Rechte zu beachten. Es gibt keine Grenzen und Sie sind niemandem Rechenschaft schuldig, was Ihre Wünsche betrifft!

## SCHRITT 4: DAS ZIEL FIXIEREN

Wenn Sie die Fragen am Beginn dieses Kapitels bereits klar beantworten konnten und die Worte und Sätze in die Tabelle eingetragen haben, empfehle ich Ihnen im ersten Schritt, sich auf wenige Ziele

# GESTALTEN SIE IHR MOODBOARD SO KLAR, DASS SIE MIT EINEM BLICK DIE JEWEILIGE BOTSCHAFT BEGREIFEN, DIE SIE BEABSICHTIGEN.

zu konzentrieren. Beginnen Sie mit der Visualisierung, indem Sie ein Ziel wählen, das Sie leicht umsetzen können; ein mittelgroßes, das Ihre Gedanken schon länger beschäftigt und einen langgehegten Traum, der sogar noch jenseits Ihrer Vorstellung liegen mag. Denn wie bereits erwähnt: Wenn Sie wissen, was Sie wollen, ist es viel leichter, das Unwichtige zu ignorieren. Su-chen Sie nach passenden Motiven und Schlagworten, bei deren Anblick Sie sofort das Gefühl haben, das ist es, und schneiden Sie sie aus. Sobald Sie mit der Ausbeute zufrieden sind, gönnen Sie sich Momente der Muße und betrachten Sie Ihre Sammlung – gerne auch über einen längeren Zeitraum hinweg –, bevor Sie sie auf Ihrem Moodboard befestigen. Wählen Sie die für Sie wichtigsten und aussagekräftigsten Bilder, Zitate und Schlagworte aus. Möglicherweise haben Sie zwischenzeitlich Ihre Meinung in einigen Punkten geändert. Vor allem Ihr gutes Gefühl wird Sie begleiten und unterstützen. Nach dem Spinnen erst das Sinnen – und danach das Pinnen.

## SCHRITT 5: SIE SIND DER MITTELPUNKT!

Bevor Sie Ihre favorisierten Bilder auf dem Moodboard platzieren, legen Sie nach dem Motto »Alles dreht sich um mich« Ihr Lieblingsporträt an eine prominente Stelle. Ich empfehle Ihnen, das Moodboard in Themenbereiche zu strukturieren, das gibt Ihnen später ein Gefühl von Ordnung und Sie können Ihre Aufmerksamkeit besser auf die einzelnen Ziele und Wünsche fokussieren. Eine Möglichkeit ist es, alle Favoriten rund um Ihr Foto zu platzieren.

## SCHRITT 6: DIE STRUKTUR FESTLEGEN

Meine Vorgehensweise ist, das Moodboard nach Themen zu unterteilen, wie z. B. Wohlbefinden und Gesundheit, Beziehung und Liebe, Familie und Kinder, den lang ersehnten Lebenstraum, geplante Reisen oder den nächsten Schritt auf der Karriereleiter. Berücksichtigen Sie bei der Aufteilung das Gesetz des »Goldenen Schnitts«, können Sie Ihr Moodboard nach Bedeutung und Wichtigkeit Ihrer Ziele und Wünsche in unterschiedliche Größen aufteilen. Für Action-Themen ist das Bild einer aktiven Person fördernd, deren Kopf Sie mit Ihrem Konterfei ersetzen. Es wird Ihnen das Gefühl vermitteln, selbst aktiv zu sein. Letztendlich entscheiden Sie selbst, ob kunterbunt oder geordnet in Themenbereiche, was für Sie die perfekte Gestaltung ist, denn Ihr Moodboard sollte in erster Linie für Sie harmonisch sein. Gestalten Sie Ihr Moodboard so klar, dass Sie mit einem Blick die jeweilige Botschaft begreifen, die Sie beabsichtigen.

Wenn Sie mit der Anordnung auf Ihrem Moodboard zufrieden sind, befestigen Sie die einzelnen Elemente. Sollte etwas fehlen, lassen Sie an dieser Stelle eine Lücke und halten Ausschau nach dem Wunschmotiv. Lassen Sie sich Zeit, Ihr Moodboard muss nicht innerhalb eines Tages fertig sein. Dieser

Prozess kann sich über Tage, wenn nicht sogar Monate hinziehen. Das ist auch absolut in Ordnung so, auch Rom wurde nicht an einem Tag erbaut.

Vielleicht haben Sie zunächst Schwierigkeiten anzufangen? Was halten Sie von dieser wunderbaren Möglichkeit der Entschleunigung: »Zentangle«, das Zeichnen von Mustern mit einem Fineliner. Ihr Werk kann zudem ein inspirierender Teil Ihres Moodboards werden.

## SCHRITT 7: TÄGLICHES FOKUS-SIEREN UND – ACTION!

Platzieren Sie Ihr Moodboard an einem Ort, an dem Sie es häufig betrachten können. Perfekte Plätze sind am Bett, auf der Toilette, in der Küche oder im eigenen Büro, wenn das möglich ist.

Machen Sie ein Foto Ihres Moodboards und verwenden Sie es zudem als Bildschirmschoner für Ihren PC, das Smartphone oder das Tablet. Damit haben Sie weitere Gelegenheiten geschaffen, Ihre Wünsche zu visualisieren.

Vor allem die Vorstellung und das intensive Gefühl, das Ersehnte bereits erreicht zu haben, setzt Endorphine frei und motiviert Sie, auf Ihrem Weg zu bleiben! Je lebendiger Sie es spüren, desto besser.

## SCHRITT 8: DAS ZIEL ANGEHEN

Was ganz wichtig ist: Um die Kraft Ihres Moodboards in Gang zu setzen, machen Sie täglich mindestens einen Schritt in die gewünschte Richtung, sobald Sie sich über Ihre Ziele im Klaren sind. Treffen Sie eine Maßnahme nach der anderen, sei sie auch noch so klein. Vor allem: Loben Sie sich für jede erfolgreiche Aktion und haken Sie nicht gleich das erreichte Ziel und die damit verbundenen schönen Momente ab. Zelebrieren Sie Ihre mutigen Momente und die Erfolge, denn dieses Glücksgefühl trägt Sie auf konstruktive Weise stets weiter. Sie werden Dinge erleben, von denen Sie zuvor nicht einmal im Traum gedacht haben, dass sie möglich sein könnten. Bei mir funktioniert das beispielsweise so: Ich finde immer einen passenden Parkplatz, egal wohin ich fahre. Ich visualisiere ihn bereits vor der Fahrt mit guten Gefühlen an einer günstigen Stelle und meistens bekomme ich diese oder eine noch bessere Parklücke und bedanke mich im Geiste dafür. —

# 10 GOLDENE REGELN FÜR MOODBOARDER

SEIEN SIE – DANKBAR

SEIEN SIE – AUTHENTISCH

FINDEN SIE IHRE ZIELE –
ÜBER FREUDE UND BEGEISTERUNG

ERKENNEN SIE – JEDER GEDANKE IST ENERGIE

ERGREIFEN SIE – JEDE MÖGLICHKEIT

MACHEN SIE – FEHLER

GEHEN SIE – EINEN SCHRITT NACH DEM ANDEREN

GLAUBEN SIE – AN SICH

GEBEN SIE – IHR BESTES

GEBEN SIE – NIE AUF

# »ALLES, WAS WIR UNS VORSTELLEN, KÖNNEN WIR AUCH ERREICHEN, ODER?!«

BERT MARTIN OHNEMÜLLER →

Dieser Gedanke ist für mich Leitbild und Schlüsselsatz zugleich. Alles, was uns in dieser Welt umgibt, wurde zweimal erschaffen: zunächst gedanklich und dann physisch. Unsere Gedanken werden zu unserer Welt.

Alles war zunächst eine Idee, ein inneres Bild von einem Menschen, der sich auf den Weg gemacht hat, dieses innere Bild in die physische Welt zu bringen. Wenn ich keine Vorstellung über mein Ziel habe, wie kann ich es dann erreichen? Wer seinen Weg kennt, der kann ihn gehen. Wer seinen Weg nicht kennt, der diskutiert ihn.

Wie ist das eigentlich mit der Wahrnehmung? Was sehen wir wirklich? Die vermeintliche Welt? Oder eine Projektion unseres Gehirns, unserer Geschichte, unserer Erfahrung, unserer biochemischen Befindlichkeit? Wie sieht die Welt aus, wenn man verliebt ist? Wie sieht die gleiche Welt aus, wenn man sich elend fühlt? Hat sich an der Welt etwas verändert? Welche Bilder haben Sie im Kopf? Wie weit reicht Ihre Vorstellungskraft?

Fragen über Fragen, die Sie einladen wollen, über das Phänomen der Vorstellungskraft und Visualisierung zu reflektieren. Die Hirnforscher sind sich ziemlich einig, dass unser Gehirn in Geschichten und Bildern denkt, und dass die meisten Teile desselbigen mit Worten nicht viel anfangen können.

Seit wann gibt es Schriften und wie alt sind die ältesten bekannten Wandmalereien? Die ältesten Schriften sind rund 8000 Jahre alt – die ältesten Wandmalereien schätzt man auf rund 40 000 Jahre. Zufall? Oder doch ein Indiz über unser evolutionäres Erbe?

Ich bin fest davon überzeugt, dass die Arbeit mit Moodboards und Visualisierung deshalb so kraftvoll ist, weil es unserer Art der Informationsverarbeitung und des Verstehens so stark entspricht. Ein trauriges Gesicht wird in der ganzen Welt verstanden, genauso ist ein Lächeln die kürzeste Verbindung zwischen allen Menschen auf diesem Planeten.

Ein starkes Bild aktiviert unser emotionales Wahrnehmungssystem und setzt gleichzeitig Energien frei (E-motion = Energien, die uns bewegen). Im Idealfall sollten es positive Bilder und Emotionen sein – denn dummerweise wirken negative Emotionen um ein Vielfaches stärker als positive. Und alles,

# » *WER SEINEN WEG KENNT, DER KANN IHN GEHEN.* «

was nicht emotional ist, ist für das Gehirn wertlos, wir können uns einfach nicht daran erinnern.

Vielleicht ist dies genau die Bedeutung von » Vorstellung«. Man stellt in der Tat etwas vor seinem geistigen Auge auf, und dieser Vorstellung kann unsere Wahrnehmung folgen. Und zwar in dem Maße, in dem das Bild kräftige Emotionen auslöst. Wenn Sie also Moodboarder werden möchten, achten Sie unbedingt darauf, dass Sie von Ihren verwendeten Bildern und Zitaten positiv emotional berührt sind.

Aus meiner Sicht geht es im Leben genau darum: Herauszufinden, wer man ist, um dann danach zu leben. Das ist das Prinzip der Selbstverantwortung, sich selbst Antworten für das eigene Leben zu liefern. Bringen Sie Ihr Inneres durch Bilder nach außen, zeigen Sie Ihrem denkenden Verstand, in welche Richtung er seine Aufmerksamkeit lenken soll. Und Sie werden erleben, wie sich Ihre Wahrnehmung verändert und Sie plötzlich auf die Dinge treffen, die bisher immer nur in Ihrer Vorstellung verankert waren. Aus meiner Sicht gibt es nur ein Element, was die Realisierung Ihrer Vorstellung behindert – der Zweifel.

Werfen Sie diese alten Glaubenssätze als Erstes über Bord und glauben Sie nicht alles, was Sie denken; wählen Sie die Bilder und Motive, die Ihr Herz zum Schwingen bringen. Good luck. —

**BERT MARTIN OHNEMÜLLER, High Performance Business Coach, Keynote-Speaker, Autor und Dozent mit über drei Jahrzehnten Erfahrung in Führung, Marketing und Kommunikation.**

# » MOODBOARDS SIND DER IDEALE WEG, MEINE WÜNSCHE UND ZIELE ZU REALISIEREN. «

CHARLOTTE TRÄGER →

# »WAS FÜR TRÄUME HABE ICH EIGENTLICH? ÜBER WAS WÜRDE ICH MICH FREUEN, WENN ES DIESES JAHR PASSIERT?«

Als junger Mensch fällt es einem oft schwer, Ziele zu definieren, weil es so viele Möglichkeiten gibt und man selbst flexibel bleiben möchte. Zumindest mir ging es so. Wenn mich Leute gefragt haben: »Was willst du mal werden?«, oder »Was möchtest du dieses Jahr erreichen?«, konnte ich keine konkrete Antwort geben. Auch heute noch fällt es mir nicht immer leicht, mir definierte Ziele für die Zukunft vorzunehmen. Mit Moodboards wird es einfacher.

Nachdem meine Mama vor einigen Jahren nach ihrer überstandenen Brustkrebserkrankung damit begonnen hatte, überzeugte sie meine Schwester und mich, es einmal auszuprobieren. Sie kaufte uns Pappen, legte uns stapelweise Zeitschriften vor die Nase, Schere und Klebstoff – fertig war die erste Vorbereitung. Am Anfang verstand ich ihre Motivation nicht, immer und immer wieder neue Pappen für ihr Leben oder diverse Projekte zu kreieren. Zu Beginn war ich sehr skeptisch, aber da ich mich gerne künstlerisch und kreativ beschäftige und es aussah wie eine schöne Collage aus Fotos und Sprüchen, machte ich mit. Das war vor etwa fünf Jahren. Bei der Erstellung meines ersten Moodboards fragte ich mich: »Was für Träume habe ich eigentlich?«, »Über was würde ich mich freuen, wenn es dieses Jahr passiert?« Ich befand mich in den letzten Zügen meines Bachelors, sodass ich mir vornahm, eine »1,x« als Abschlussnote zu erreichen. Außerdem wollte ich endlich mit meinem langjährigen Freund in ein gemeinsames, gemütliches Zuhause ziehen, ein anderes Auto fahren und meinem Pferd mehr Auslauf gönnen. Dazu kamen noch einige der üblichen Vorsätze wie fit bleiben, gute Ernährung sowie eine gesunde, glückliche Familie und Freunde.

In den darauffolgenden Monaten habe ich erfolgreich an mehreren 10 km-Läufen teilgenommen, dabei einige Kilos abgenommen, meinen Bachelor mit Note 1,8 bestanden und eine 1,3 auf meine Bachelorarbeit erhalten. Als Nächstes habe ich – zum Wohle meines Pferdes – den Reitstall gewechselt und einen tollen ersten Job bekommen. Die erste gemeinsame Wohnung kam zwar nicht sofort, dafür aber ein Jahr später.

Zum Jahreswechsel war mir endgültig klar: Visualisierung mit Moodboards funktioniert! Ich beschloss ganz fest: Das muss ich weitermachen.

Im Herbst 2016 habe ich einen Riesenschritt aus meiner Komfortzone gewagt und bin nach England gezogen. Noch vor einigen Jahren wäre es für mich undenkbar gewesen, Familie, Freunde, Pferd und mein gewohntes Umfeld zu »verlassen«. Ja, ich ging noch weiter: Obwohl ich es nach vier Jahren im Beruf nicht für möglich gehalten hätte, bewarb ich mich für ein Masterprogramm in Liverpool. Mit Erfolg!

Auf der nächsten Seite könnt ihr mein Moodboard für 2018 betrachten, das wegen des Transports von Deutschland nach England aus zwei kleineren Pappen besteht. Mein Ziel für mein Studium:

»Ich mach das jetzt!«
»Meilenweit voraus«
»Überall ganz vorne dabei«
»Mit einem Master in Führungspositionen«

Auf meinen Moodboards 2018 sind außerdem meine Themen Ernährung, Mode, Liebe, Geld, mein Pferd und vor allem ›einfach glücklich sein‹, zu finden. Außerdem ein Jahreshoroskop aus einer Zeitschrift, meine Liebe zu gutem Kaffee, täg-

# EDES MAHL ANDERS

Lunchbox im Patchwork-Stil: Hier sind einige Vorschläge —
er es gibt unendlich viele Möglichkeiten, wie Sie sich gesunde,
ckere Mahlzeiten für unterwegs zusammenstellen.
hlschrank und los!

# BEAUTY

**ROSTROT**
Kürzmantel mit
Stehkragen und
Zippern, von
Marc

**SHABBY CHIC**
Jeans von Drykis
um 170 €

Ich **kann** alles sein,
was ich will.
**Vor allem**
**glücklich.**

GLÜCK

Mein Master-Plan

Mit einem Master
in Führungspositionen

MSc

# MASTER

ERFOLGREICH STUDIEREN!

# STUDIUM

**RUNDES DOPPEL**
Edelstahl mit rosé-
goldener Beschich-
tung, ca. 60 Euro,
www.calvinklein.com

## MEILENWEIT VORAUS.

## ÜBERALL GANZ VORNE

DABEI

„MAGIC HAPPENS AT
THE FRINGE OF YOUR
COMFORT ZONE."

Kaffee

# LIEBE

das zu verändern, was schon länger nicht
mehr passt. Sie entrümpeln Ihr Leben,
trennen sich von ungesunden Angewohn-
heiten oder Verbindungen, schließen
Frieden mit Enttäuschungen der Vergangenheit. Denn unter Jupiter schaffen Sie
es zu ergründen, wie es überhaupt zu diesen negativen Einflüssen kommen konnte
– und was Sie in Zukunft auf jeden. Fall
anders machen möchten.

blendend, dass der Ärger verraucht. Im
März sind ganz klar Sie der aktive Part in
der Beziehung. Sie schmieden Pläne für
gemeinsame Unternehmungen und über-
raschen Ihren Partner täglich mit neuen
Ideen. Sie experimentieren jetzt gern, im
Bett und auch sonst. Und wehe, Ihr Schatz
zieht nicht mit. Dann sind Sie im April/
Mai kurz davor, alles hinzuschmeißen.
Blöß nicht, das würden Sie schon im Juni
bitter bereuen! Zum ersten Mal in diesem

ten gute Ange-
rantreiben, kur
rauscholen. Im M
chen (Selbst-)Ar
z. April bis a. J
den Überblick f
Ihr Chef an, und
des Erfolg – ma
im Oktober er
kurz das Arb
November sinc

# POWERFR

TTE LIEBT'S
ATÜRLICH

# HAPPY
# EVERY
# DAY

# MEGA-
# BODY

**GOLDENE
REGELN 2017**
Für die Zwillinge-
Frau wird dies ein Jahr
voller positiver
Veränderungen, wenn
sie Folgendes beachtet:
– Offen für Neues sein
– Bei Anlaufschwierigkeiten
nicht gleich aufgeben
– Das Leben nach den eigenen
Vorstellungen gestalten

lich eine Tasse heiße Zitrone am Morgen sowie Fitness und Power. Und – meine nächsten Reiseziele sind Brasilien und Südafrika!

Wenn ich beginne, weiß ich wirklich NIE, wie mein Moodboard am Ende aussehen wird. Über das Jahr fange ich meist schon an, Bilder, Sprüche und Schlagworte aus Zeitschriften zu sammeln. Alles, was mir gefällt und heraussticht. Am Ende des Jahres sitze ich vor mehreren Stapeln Zeitschriften und beginne, diese über Tage für ein paar Stunden mit einer Tasse Kaffee oder Tee, alleine oder mit Familie und Freunden zu durchforsten. Oft muss ich meine Begeisterung für tolle Mäntel, Schuhe und Pferdesachen im Zaum halten!

Als Nächstes beginne ich, mein Sammelsurium noch mal zu sortieren, mich auf meine wesentlichen Wünsche und Ziele zu konzentrieren und alle final ausgewählten Bilder, Sprüche und Schlagworte auf die Pappen zu legen. Nach und nach merke ich, wie ein gefühlvolles Bild entsteht, auch wenn ich es immer noch einige Mal umstelle, bis ich zufrieden bin. Zum Schluss klebe ich alles mit Sprühkleber (finde ich am praktischsten) auf mein Moodboard und stelle es an einen Ort, wo ich es so oft wie möglich sehe. Das ist derzeit neben meinem Bett in England. Ich freue mich täglich, meine kleinen Kunstwerke zu betrachten, denn sie geben mir häufig den finalen Motivationsschub. Z. B. wenn ich mal wieder morgens bei Regen (ist ja für England nicht untypisch) aufwache und mein innerer Schweinehund mich davon abhalten möchte, meine Sportschuhe zu schnüren und eine kleine Morgenrunde zu drehen. Auch wenn es Tage gibt, an denen meine negativen Gedanken dominieren, helfen mir meine Moodboards, diese über den Tag hinweg wieder ins Positive zu ändern.

Jeder hat seine eigene Weise, sich Ziele zu setzen. Für mich sind Moodboards der ideale Weg, meine Wünsche und Ziele zu visualisieren und in die Realität zu bringen. Ich wünsche euch viel Spaß bei eurem Prozess zum Moodboarder und hoffe, meine Geschichte hat euch gefallen. —

**CHARLOTTE TRÄGER ist MSC-Studentin an der Liverpool John Moores Universität und passionierte Sportlerin mit Vorliebe für Lauf-, Reit- sowie Wassersport.**

CYPRUS

*A culinary journey*

RECIPES BY CYPRUS CUISINE EXPERT
MARILENA JOANNIDES
AND GERMAN CHEF
FRANZ KELLER

C&C PUBLISHING

Best
in the World
GOURMAND
World Cookbook Awards

VERY VERNISSAGE!

SHOWTIME!

GOURM

TEA

AU

„Auf Zy
entwick
ganzer
gibt es

LE

Pariser Debüt

Schweiz.
ganz natürlich.

Rampe

KUNST 2016!

NATÜRLIC
ERFOLGREI

In diesem Jahr können wir uns auf ganz
große Ausstellungen freuen – COPENHAGEN · NEW YORK · LONDON · FRANKFURT

PARIS

BERLIN

NICHTS
ALS
GLÜCK

ALL
GE

Très

PA

Stuhl
„Febo" mit
Stoffbezug
von Maxalto

Grüße
aus

essen

FR MARIANNE
gefunden am
2.6.16
Grüße Cleo

HELLE FREU

INSPIRATIONEN

*la française*

LIEBE!

Ein Traum
*aus Kindertagen*

Gesundheit! FU

Der Wassermann
kümmert sich mal
endlich um sich

21. 1.–19. 2.

TENDENZ 2016: Der Neptun

# DIE KRAFT DES VISUALISIERENS

Die Erfahrungsberichte meiner Gäste haben Sie bereits zwischen den einzelnen Kapiteln kennenlernen können. An dieser Stelle einige meiner »Magic Moments« durch die Verwendung von Moodboards, wozu auch dieses Buch gehört.

Menschen reagieren vermutlich unterschiedlich stark auf Bilder. Ich selbst bin zweifelsohne ein visueller Typ. Doch mag die Macht der Bilder noch so groß sein, sie alleine bewirken keine Wunder. In Verbindung mit positiven Gedanken und Gefühlen sind Moodboards aber ein sehr wirkungsvolles Instrument zur Umsetzung Ihrer Wünsche und Zielvorstellungen. Auf jeden Fall sind sie ein spannender Weg zur persönlichen Weiterentwicklung. Moodboards helfen Ihnen dabei herauszufinden, was Sie glücklicher und zufriedener macht, und genau das umzusetzen. Und sollte ich Sie bis zu diesem Punkt noch nicht überzeugt haben, Ihr persönliches Moodboard zu starten, werden es vielleicht die nachfolgenden Zeilen.

# DER NEUSTART

Das erste Moodboard nach meiner Krankheit hatte ich vor allem dem Thema Gesundheit gewidmet. Der Fokus lag dabei auf einer Ayurveda-Kur, die schon lange auf meiner Wunschliste stand. Ein weiteres Thema meiner Zielcollage für 2009 entsprang dem Motto »Du bist nie zu alt, um dir ein neues Ziel zu setzen oder einen neuen Traum zu träumen« (C. S. Lewis): Ich beschloss, im Sommer an einem Schwimmwettbewerb im ungarischen Balaton-See teilzunehmen. Auch einen schon etwas älteren Wunsch visualisierte ich auf meinem Moodboard: ein französisches Luxusbett, mit dem ich seit vielen Jahren liebäugelte. Ich klebte auch Bilder auf, die ich nicht mit materiellen Wünschen, sondern einfach mit guten Gefühlen und besonderen Momenten verband. Unter anderem das Cover des Gartenbuches meines Freundes Gary Rogers »Besondere Frauen und ihre Gärten«.

Die Astrologie bescherte mir für 2009 ein ausgesprochen positives Horoskop. Vor allem Jupiter sollte mein Exklusivbegleiter und großer Freund sein. Das fühlte sich einfach auch sehr gut an, und ich platzierte das Horoskop auf meinem Moodboard. Das fertige Werk positionierte ich in Sichtweite meines Bettes und genoss den täglichen Anblick am Morgen und am Abend.

# MEIN NEUER WEG

Zu Beginn des neuen Jahres kümmerte ich mich als Erstes um mein körperliches und seelisches Wohlbefinden und startete die erste Panchakarma Ayurveda-Kur. Bereits Wochen später fühlte ich mich wie neu geboren und die Menschen in meinem Umfeld fragten, was ich gemacht hätte, ich würde förmlich strahlen. Mir fiel auf, je häufiger ich das Moodboard fokussierte, desto geringer war die Ablenkung durch vermeintlich andere wichtige oder negative Dinge.

Auch mein neues Zuhause plante ich auf einem Moodboard. Innerhalb eines Monats hatte ich eine Menge Bilder von Einrichtungsideen, Materialien, Farben, Lampen, Stoffen und Möbeln gesammelt – nur das, was mir wirklich gut gefiel. Ich ergänzte sie mit Fotos meiner vorhandenen Möbel, schob die Motive hin und her, tauschte einige aus, so lange bis ich sicher war, dass ich mein Ziel vor Augen hatte.

Dann klebte ich alles auf mein Moodboard und machte mich in entsprechenden Geschäften auf die Suche nach Mustern. Damit die Proportionen einigermaßen stimmten, größere für dominierende Flächen wie Böden und Wände, kleinere für die Oberflächen von Küche und Bädern. Als ich mir sicher war, das Gewünschte gefunden zu haben, legte ich los. Jeder, der dieses Moodboard gesehen hat und anschließend mein Gast war, ist begeistert. Dank meines Freundes Gabor, der sich zu meiner großen Freude der Umsetzung widmete und dabei außergewöhnliche Ideen eingebracht hat, ist mein Zuhause noch schöner geworden als ich es visualisiert hatte.

Mit meinem Moodboard vor Augen fühlte ich mich täglich kraftvoller und ging einen Schritt nach dem anderen. Ich kaufte mein Traumbett und verließ an einem schönen Sommertag im Juli 2009 den Schwimmwettbewerb im ungarischen Balaton-See mit einer Goldmedaille in meiner Altersklasse um den Hals. Auch völlig ungeplante Glücksmomente ereigneten sich, wie der Anruf meines Freundes Gary Rogers, der mich und meinen Garten für die zweite Ausgabe seines neuen Gartenbuchs fotografieren wollte. Die schönste Nachricht jedoch erhielt

An dieser Stelle möchte ich Sie noch einmal daran erinnern, den ersten Schritt zu gehen. Denn ohne in Aktion zu treten, bleiben Sie nur träumend vor Ihrem Kunstwerk sitzen und es passiert wenig. Wie klein auch immer der erste oder nächste Schritt sein mag, gehen und handeln Sie! Das Moodboard unterstützt Sie und hilft Ihnen zudem, auf Ihrem Weg zu bleiben.

> Ganz häufig hat man die unendlichen Möglichkeiten, die einem begegnen können, einfach nicht auf dem Schirm. Sie entwickeln sich mit Ihrer neuen Einstellung, dem Moodboard und den entsprechenden Aktionen. Es werden sich Türen öffnen, die wie aus dem Nichts aufzutauchen scheinen. Ob Sie es glauben oder nicht, das ist einfach so!

ich nach der ersten Kontrolle im Brustzentrum: Alles sieht gut aus! Nun ja, es ging mir auch gut!

Weitere Herzensprojekte folgten, unter anderem mein Buch über Zypern. Schon lange hatte ich den Wunsch, mit den Fotografen Anja Jahn und Markus Bassler zu arbeiten. Gemeinsam bildeten wir das Team geballter Buchkompetenz: Journalistin und Autorin Rita Henss, Editorial-Designer Oliver Hick-Schulz, Kulinarik-Expertin Marilena Joannides, Sommelière Astrid Zieglmeier und Koch Franz Keller. Bevor wir unsere gemeinsamen Reisen zu unterschiedlichen Jahreszeiten antraten, kreierten wir Moodboards mit sämtlichen Attributen, die das spätere Coffee-Table-Book »Verführerisches Zypern – eine kulinarische Reise«, haben sollte. Im September 2014 erschien das Werk auf Deutsch im Callwey Verlag, wenig später im Eigenverlag in englischer und russischer Sprache. 2015 reichten wir das Buch weltweit für Cookbook-Awards ein, die ich zuvor auf meinem Moodboard visualisiert hatte. Inzwischen zählt unser Genussreisebuch mit sieben internationalen

Awards (den aktuellen erhielten wir im Mai 2018 in China) zu den meist ausgezeichneten Kochbüchern weltweit. Die englische und die deutsche Edition ist bereits in zweiter Auflage erschienen. Ein starkes Team ist unschlagbar, besonders, wenn alle Beteiligten dasselbe Ziel haben und es zuvor auf Moodboards visualisiert wurde. Auch dieses Buch ist eine freudvolle Teamarbeit!

## MAGIC MOMENTS

In den vergangenen Jahren bin ich vielen interessanten Menschen begegnet. Oder sollte ich sie vielleicht angezogen haben? Zweifelsohne gehört zu meinen spannendsten Moodboard-Erfolgen die Begegnung mit Sting! Im Juli 2016 lud mich meine Tochter Charlotte zum Sting-Konzert in Wiesbaden ein und ich war auch nach 30 Jahren noch begeistert vom großartigen Live-Auftritt der Rocklegende. Beim Verlassen des Geländes erhielt jeder Besucher eine kleine Broschüre mit Informationen und Fotos zu Sting. Ich nahm eines dieser Bilder, klebte es auf mein Moodboard und beschloss, Sting persönlich zu treffen. Keine drei Monate später erhielt ich den Anruf des Radiosenders Antenne Frankfurt mit der spontanen Einladung, Sting im Sender zu treffen … Es hört sich wirklich verrückt an, ich habe Sting getroffen und er verließ Frankfurt an diesem Nachmittag mit der englischen Ausgabe unseres Zypernbuches »Cyprus – A culinary

**Auch bei Projekten gilt ganz klar die Prämisse: Wenn Sie wissen, was Sie wollen, können Sie alles andere ignorieren. Das spart nicht nur Zeit für unnötige Wege, sondern auch Geld und gibt sehr klar die Vorgehensweise für die Umsetzung vor.**

journey« in der Hand! Übrigens: Niemand außer mir kannte mein Moodboard, oder wusste von diesem Foto.

Die folgende kleine Geschichte passt zwar nicht in die Chronologie des Abschnitts, jedoch gehört sie erzählt. Als ich begann, dieses Buch zu schreiben, schickte mir meine Nichte Dagmar das Foto eines »Moodboards« das ich 1990 erstellt, jedoch völlig vergessen hatte. Das Motto war »Our love is a child«, denn ich wünschte mir damals seit mehr als zwei Jahren sehnlichst Kinder. Ich hatte Bilder von Babys und gut gelaunten Kindern unterschiedlichen Alters sowie das Foto mit den Blumenkindern an meinem Hochzeitstag arrangiert und festgepinnt. 1991 kam unsere Tochter Charlotte und zwei Jahre später unsere Tochter Katharina zur Welt. Ohne mir damals der Kraft des Visualisierens bewusst zu sein, hatte ich sie intuitiv angewendet.

Ganz sicher weiß ich: Wenn ich etwas von Herzen wünsche und es sich sehr gut anfühlt, werde ich den Weg des Visualisierens gehen. Wie Greta Garbo sagte: »Was gibt es Schöneres als die Sehnsucht nach etwas, das du erreichen kannst.«

Eines möchte ich an dieser Stelle klarstellen: Moodboards sind keine esoterischen Zauberobjekte, sie sind ein Hilfsmittel, das Sie dabei unterstützt, das herauszufinden, darzustellen und zu visualisieren, was Sie fühlen und was Ihnen guttut. Das Gesetz der Anziehung besagt, dass das, womit wir uns am meisten beschäftigen, in uns wächst, und das, worauf wir unsere Aufmerksamkeit richten, von uns angezogen wird. Wenn Sie nun also Ihre Ziele tatsächlich kennen, wird Ihnen das Moodboard auch den Mut und die Stabilität geben, Ihre Vorhaben beherzter anzugehen und dabei vor allem den roten Faden nicht zu verlieren. Mit dem Kreieren und Visualisieren von Moodboards habe ich mein Leben in eine völlig neue, unerwartete und positive Richtung gelenkt. Besondere Menschen sind mir begegnet und es haben sich mir Möglichkeiten eröffnet, von denen ich vorher nicht einmal zu träumen gewagt hätte. Bis heute gilt mein erster und letzter Blick am Tag meinen visualisierten Wünschen und Zielen, immer in Verbindung mit dem Gefühl der Dankbarkeit! —

# » DEM LEBEN EINEN NEUEN FOKUS GEBEN UND HERAUSFINDEN, WOFÜR MAN SICH WIEDER BEGEISTERN KANN. «

BETTINA FUHRMANN →

Das Moodboard und der damit verbundene Prozess haben einen besonderen Stellenwert in meinem Leben: Es hat mich vor fast 16 Jahren auf einen neuen Lebensweg gebracht, den ich mir vorher so nicht habe vorstellen können.

Ich war Ende 30, beruflich erfolgreich bei den Vereinten Nationen und lebte seit 13 Jahren in New York. Meine Arbeit dort führte mich um die ganze Welt und ich lernte viele Menschen und Kulturen kennen, aber auch viel Leid.

Ich wollte meinem Leben einen neuen Fokus geben und herausfinden, wofür ich mich wieder begeistern konnte – wie in den Anfangsjahren meiner beruflichen Laufbahn. Eine Freundin lud mich zu einem Workshop ein – und ich erstellte mein erstes Moodboard. Das führte mir die Bereiche vor Augen, die ich besonders wichtig fand, aber stets vernachlässigt hatte, beruflich und privat. Es leitete mich zu dem, was mir wieder Lebensfreude, Lebenslust, Begeisterung und Energie gab: Mehr Bewegung, Laufen, raus in die Natur und Reisen als Urlaub statt als Arbeit. Was ich direkt umsetzte, war eine lange Reise durch die USA und die Ausbildung zur Yoga-Lehrerin.

Mir wurde deutlich, dass ich anders als bisher mit Menschen kommunizieren und mit meinen Händen arbeiten wollte. Diese neue Orientierung begann als »Hobby« in Form von Wochenendkursen in Bewegungstherapie und Körperarbeit. Es folgte eine zweijährige Ausbildung, die ich in vollen Zügen genoss, da ich lernte, weil ich lernen wollte, und keinen Druck hatte, mit dem Gelernten Geld verdienen zu müssen.

Daraus einen Beruf zu machen, hätte ich vor meinem Moodboard nicht zu träumen gewagt. Seit 2004 bin ich mit Leib und Seele Heilpraktikerin und Therapeutin. Meinen Wechsel vom Reisen um die Welt 2004 zurück in meine Heimat, in das Land, in dem ich vorher nie gearbeitet hatte und lange Zeit fremd war, habe ich nicht eine Sekunde bereut! Meine Seele geht auf in dieser Art des kreativen Arbeitens mit Menschen und Körpern! —

**BETTINA FUHRMANN, Heilpraktikerin und Therapeutin mit Leib und Seele, vermittelt Freude für Beweglichkeit in jedem Alter.**

# » *MOODBOARDS HELFEN IHNEN, IHR ZUHAUSE ZU GESTALTEN.* «

ANDREA MÖRSDORF →

Seit mehr als 25 Jahren arbeite ich als Architektin. Vor 15 Jahren begann ich, Häuser und Wohnungen im Innenbereich zu gestalten. An diesem Punkt wird Architektur privat und intim, da ich die Wünsche und Bedürfnisse meines Kunden wissen muss, denn er soll sich schließlich wohlfühlen in seinem neuen Zuhause. Gestalterisches in Worte zu fassen, ist oft nicht ganz einfach. Um meinen Kunden von Beginn an in die Gestaltung zu integrieren, bitte ich ihn, Bilder und Fotos mit Eindrücken zu sammeln, die ihn ansprechen. Das können Gestaltungslösungen für Wände sein, eine außergewöhnliche Treppe, Lieblingsmöbel und -lampen, Stimmungen und Farben. Diese inspirierende Aufgabe lässt Vorlieben erkennen und diese bilden die Grundlage für die spätere Planung. Gute Ideen findet man in Architektur- und Wohnzeitschriften wie AD, Home, Schöner Wohnen, Elle Decor, Häuser etc. oder auf Internetportalen wie Houzz und Pinterest.

Einfach Bilder sammeln von dem, was man mag! Man muss nicht beruflich mit Innenarchitektur, Möbeln, Leuchten und Stoffen zu tun haben. Es geht darum, persönliche Vorlieben und Bedürfnisse zu erkennen, um sie in die Gestaltung einzubeziehen. Beispielsweise Hobbys wie Kochen, Lieblingsländer, Pflanzen oder den gewünschten Stil wie ländlich, elegant, sachlich. Ob man gerne Gäste bewirtet oder Lesestunden im Ohrensessel am Kamin bevorzugt. Mit diesen Bildern erstellen wir gemeinsam eine Collage, die bereits sehr gut erkennen lässt, wohin die Reise geht. Ganz natürlich entwickeln sich weitere Ansätze und Ideen. Daher sind Moodboards für mich Voraussetzung und eine ausgezeichnete Grundlage für die Entwicklung des perfekten, individuellen Domizils.

Wie taste ich mich an die Gestaltung heran? Um das Ambiente und die Stimmung des neuen Heims zu definieren, beginne ich im Anschluss mit dem Planungs-Moodboard, das den roten Faden vorgibt. Dieses Moodboard beschreibt mit Beispielfotos und Anmutungen die gewünschte Grundstimmung und den Charakter des Zuhauses. Ergänzt werden diese mit wichtigen Attributen, die die Atmosphäre stichwortartig beschreiben.

Etwa: Wie soll mein Zuhause sein? Einladend, modern, nicht modisch, eigenwillig, pflegeleicht, kinderfreundlich, gemütlich oder maskulin, stylisch, hipp, wertig, beeindruckend etc. Diese Beschreibungen sind sehr individuell und daher sehr wichtig für ein maßgeschneidertes Interieur.

Daraus leitet sich die Gestaltung einzelner Räume und Themen ab, und die detaillierte Planung kann beginnen. Immer wieder fällt mein Blick auf die Moodboards mit der Frage: Befinde ich mich noch auf dem richtigen Pfad?

Was ich immer wieder feststelle ist, dass hochwertig eingerichtete und toll gestylte Wohnungen und Häuser häufig langweilig aussehen. Dort vermisse ich häufig die Persönlichkeit der Bewohner und das, was das Heim einzigartig macht. Dabei ist es viel entspannter, nach seinen Bedürfnissen zu wohnen und zu leben. Plätze zu schaffen, wo die Zeitungen liegen bleiben können, ohne dass es aussieht, als hätte man nicht aufgeräumt.

Nicht jeder ist so ordentlich, wie es die Hochglanz-Magazine für Architektur und Inneneinrichtung suggerieren, und wir lassen uns davon unter Druck setzen. Wir rollen weiter die Gästehandtücher oder inszenieren den Couchtisch mit Coffeetable-Büchern und anderen Stillleben, die oft gar nichts mit uns zu tun haben. Wie schön ist es, Geschichten zu erzählen von Objekten, die einem ans Herz gewachsen sind oder mit denen man etwas Besonderes verbindet.

Die Wohnung oder das Haus sind die persönlichsten Räume in unserem Leben. Sie sind unser Rückzugsort, unsere tägliche »Tankstelle«, das Gästehaus, in das wir Freunde einladen. Es ist so spannend, individuelle Lösungen zu finden, und nie gab es so viele Möglichkeiten. Vielleicht beginnen Sie zunächst nur mit einer Ecke oder einer Wand und schauen, welche Dinge Ihnen wichtig sind. Fassen Sie den Mut und starten mit Ihrem ersten Moodboard. Sie werden sehen, wie viel Freude es bringt, Persönliches zu inszenieren – es berührt Ihre Seele und macht Sie glücklich. Trauen Sie Sich an Ihr erstes Moodboard. —

**ANDREA MÖRSDORF, Architektin, setzt Maßstäbe in Flughäfen, Shopping Malls und Hotels, ihre Leidenschaft gehört jedoch der Innenarchitektur im Privaten.**

## Atmosphäre / Farbwelt

**Grundstimmung / Atmosphäre:**

Hell, lichtdurchflutet, warm und einladend
geerdet durch den dunkelbraunen Boden, begeistered und überraschend,
gemütlich und trendig, nicht modisch, Lounge und Club Atmosphäre Zuhause,
ein Hauch von Glamour, theatralische Farbakzente, Kompositionen,
Inszenierungen einzelner Bereiche und Objekte, Kontraste: hell- dunkel

**Hauptfarbthemen:**

- Dunklere und hellere Brauntöne (Holz)
- Weiß
- Warme Weiß- und Sandtöne
- Anthrazit / Schwarz

**Zusätzliche Akzentfarben:**

- Bronze
- Kupfer
- Messing
- Mattes Gold
- Grüntöne
- Mitternachtsblau
- Cognacfarben (Leder)

Dieses Buch ist ein gemeinsames Projekt mit meinen Freunden, den Fotografen Anja Jahn und Markus Bassler, sowie dem Editorial-Designer Oliver Hick-Schulz. Wir sind alle Moodboarder und hatten sehr viel Freude bei der Umsetzung. Verstehen Sie das Moodboard-Buch als Inspiration und Ermutigung. Seien Sie offen, Dinge einmal anders zu betrachten. Offenheit bringt häufig Klarheit, setzt Energien frei für Neues und öffnet Türen für Möglichkeiten, die Sie vorher nicht wahrgenommen haben. Ihr innerer Kompass ist immer das gute Gefühl! Wir sind gespannt, von Ihren Erlebnissen und Geschichten zu lesen: www.werdemoodboarder.de

## DANK

Als ich begann, die ersten Zeilen für dieses Buch zu verfassen, war mir nicht wirklich bewusst, was es bedeutet, ein Buch zu schreiben. In mehr als dreißig Jahren hatte ich eine Vielzahl von Pressetexten und Reden verfasst und redigiert: Zahlen, Daten, Fakten, möglichst kurz, klar und knackig, wie es heißt, und ohne persönliche Gefühle. Ich wusste ja, dass das Moodboard funktioniert, also lieferte ich auch mein erstes Manuskript in diesem Stil an die Verlagsleitung – die daraufhin aus allen Wolken fiel. Letztendlich beruhigte mich dieser Satz der amerikanischen Schriftstellerin Anne Lamott. »Alle Schriftsteller verfassen schreckliche erste Entwürfe, aber sie bleiben am Ball. Das ist das Geheimnis des Lebens.« Am Ball bleiben wollte ich in jedem Fall, und wenn das großen Schriftstellern passiert, dann ist das auch für mich in Ordnung. Ich schloss mich förmlich weg, verabredete mich selten und unternahm nur das Nötigste. Erstaunt und entzückt von neuen und interessanten Einblicken, saß ich nächtelang an meinem PC, las, hörte und recherchierte nach Wissenswertem, das erklären könnte, warum Moodboards funktionieren, und es sprudelte förmlich aus mir heraus. Ich schrieb das alles für Sie, die Sie auch Ihr Leben wieder in die Hand nehmen möchten und nicht daran glauben, dem Schicksal ausgeliefert zu sein. Vom Fühlen zur Entscheidung bis zur Umsetzung wünsche ich Ihnen eine freudvolle Zeit.

Mein Dank gilt vor allem John Assaraf und Bärbel Schwabe für ihre Impulse zur Kraft des Visualisierens, Anja Jahn und Markus Bassler für die Inspiration zu diesem Buch sowie die stets wertvollen Gespräche und äußerst gefühlvollen Fotos. Maren Richter, Sven Beier und Martin Stiefenhofer danke ich für die großartige Unterstützung, ihre Geduld und den Glauben an unser Projekt. Oliver Hick-Schulz danke ich für das kreative Layout und Sanni Helm für die ästhetische Bildbearbeitung, Laurenz Nielbock und Matthias Frey für ihre Gedanken zum Cover, Gerhard Völker für die erleuchtenden Gespräche in Sachen Physik und Chemie, Rita Henss für die Vermittlung von klaren Strukturen, Dr. Dagmar Kühne-Burk und Klaus Siefert für den Glauben an mein Talent. Meiner Familie danke ich vor allem für die permanente Ermunterung. Meinen Gästen Bärbel Schwabe, Christine Kunovits, Dr. Marcella Prior-Callwey, Prof. Dr. Dr. Harald Walach, Katja Kruse, Andrea Mörsdorf, Bert Martin Ohnemüller, Bettina Fuhrmann, Charlotte Träger, Silke Hansen, Markus Bassler und Felix Maria Arnet von Herzen ein großes Dankeschön für ihre wertvollen Beiträge in diesem Buch und dafür, dass sie dieses Projekt nie infrage gestellt haben. Vor allem die persönlichen Momente während der intensiven Foto-Sessions werden Anja und ich in guter Erinnerung behalten!

**QUELLEN**

Paulo Coelho: Der Alchimist, Diogenes · Rhonda Byrne: The Secret – Das Geheimnis, Arkana · Prof. Dr. Dr. Gerald Hüther: Was wir sind und was wir sein könnten, S. Fischer · Wilhelm Köller: Narrative Formen der Sprachreflektion, De Gruyter · Margareta Magnusson: Frau Magnussons Kunst, die letzten Dinge des Lebens zu ordnen, S. Fischer · Dr. David R. Hawkins: Die Ebenen des Bewusstseins, VAK · Dr. Keith Devlin: Finding Fibonacci, Princeton University Press · André Huber: www.brainman.de · Fernando Corbalán: Der goldene Schnitt, Librero · Albrecht Beutelspacher, Bernhard Petri: Der Goldene Schnitt, Teubner · Dr. Frank Berzbach: Die Form der Schönheit, Eichborn · Prof. Dr. Antonio Damasio: Am Anfang war das Gefühl, Siedler · Sebastian Junge: Was sehen wir, wenn wir uns Bilder anschauen?, In: Magazin Einfach. Sein 1/2018 · Boris Nikolai Konrad: www.boriskonrad.de/mnemotechnik · Dr. Ulrich Warnke: Wie das Bewusstsein »Wirklichkeit schaltet« · Arnd Florack, Martin Scarabis, Ernst Primosch: Psychologie der Marktführung, Vahlen • Prof. Dr. Dieter Georg Adlmeier-Herbst: Bildeigenschaften »Wir schauen lieber als wir lesen«, www.dietergeorgherbst.de • Wilhelm Köller: Narrative Formen der Sprachreflexion, De Gruyter, www.france-voyage.com • Markus Wäger: Das ABC der Farbe, Rheinwerk • Anna Sauerbrey: Die Flut der Bilder überfordert uns, In: Der Tagesspiegel • Bettina Lemke: Ikigai – Den Sinn des Lebens im Alltag finden, dtv digital • Dipl.-Psych. Rainer Poulet • Jens Heuer: www.bestleistung.com/ • André Huber: Speaker, Trainer für Lern- und Gedächtnistraining, www.brainstorys.com • Ute Königstedt: Praxis für Ganzheitliche Gesundheit & Energetisches Heilen, www.die-seele-der-dinge.de • Dr. Masaru Emoto: Die Antwort des Wassers, Koha, www.masaru-emoto.net • Simon Sinek, Björn Brost: Frag immer erst warum, Redline

## LITERATUREMPFEHLUNGEN

Felix Maria Arnet: Brutal gescheitert, Gabal • Dr. Frank Berzbach: Die Kunst, ein kreatives Leben zu führen, Verlag Hermann Schmidt • Robert Betz: Dein Weg zur Selbstliebe, Gräfe und Unzer • Norman Doidge: Neustart im Kopf, Campus • Diana Dreesen: Steh auf und nimm dein Leben in die Hand, dtv • Pierre Frankh: Einfach glücklich sein, Goldmann • Gary Keller: The ONE Thing, Redline • Hape Kerkeling: Ich bin dann mal weg, Piper • Karen Kingston: Feng Shui gegen das Gerümpel des Alltags, Rowohlt • Bert Martin Ohnemüller: Lead, Speak, Inspire, Eigenverlag • Alan & Barbara Pease: Wie du kriegst, was du brauchst, wenn du weißt, was du willst, Ullstein Extra • Rainer Maria Rilke: Du musst Dein Leben ändern, Insel • Eckhart Tolle: Jetzt! Die Kraft der Gegenwart, Kamphausen • Doreen Virtue: Mut zu Kreativität, Irisiana • Prof. Dr. Dr. Harald Walach: Spiritualität – Warum wir die Aufklärung weiterführen müssen, Drachen • Dr. Ulrich Warnke: Quantenphilosophie und Spiritualität, Goldmann • Meik Wiking: Hygge – Ein Lebensgefühl, das einfach glücklich macht, Bastei Lübbe •

## IMPRESSUM

Informationen in diesem Buch sind von Autorin und Verlag sorgfältig erwogen und geprüft, dennoch kann eine Garantie nicht übernommen werden. Eine Haftung der Autorin bzw. des Verlags und seiner Beauftragten für Personen-, Sach- und Vermögensschäden ist ausgeschlossen.

Alle Rechte vorbehalten. Vollständige oder auszugsweise Reproduktion, gleich welcher Form (Fotokopie, Mikrofilm, elektronische Datenverarbeitung oder andere Verfahren), Vervielfältigung und Weitergabe von Vervielfältigungen nur mit schriftlicher Genehmigung des Verlags.

Sollte diese Publikation Links auf Webseiten Dritter enthalten, so übernehmen wir für deren Inhalte keine Haftung, da wir uns diese nicht zu eigen machen, sondern lediglich auf deren Stand zum Zeitpunkt der Erstveröffentlichung verweisen.

1. Auflage

© 2019 by Irisiana Verlag, einem Unternehmen der Verlagsgruppe Random House GmbH, Neumarkter Straße 28, 81673 München

Fotografien: Anja Jahn
Konzeption und Gestaltung: Oliver Hick-Schulz
Bildbearbeitung: Sanni Helm, www.helmamapparat.de
Umschlaggestaltung: Anja Jahn, Jasmin Kress
Lektorat: Martin Stiefenhofer
Projektleitung: Sven Beier
Druck und Bindung: Grafisches Centrum Cuno, Calbe (Saale)
Printed in Germany
ISBN: 978-3-424-15353-8

MIX
Papier aus verantwortungsvollen Quellen
FSC® C043106
www.fsc.org

Verlagsgruppe Random House FSC® N001967

## ÜBER DIE AUTORIN

Marianne Salentin-Träger ist in der Eifel geboren und aufgewachsen. Nach ihrer Ausbildung war sie zunächst im Verkauf und Vertrieb für Tourismusunternehmen in Düren, Köln und Frankfurt tätig, bevor sie in die Tourismus-PR wechselte. Sie ist seit 30 Jahren Geschäftsführerin der Frankfurter PR-Agentur C&C und leitete von 2015-2018 das Büro des Honorargeneralkonsulats der Republik Zypern für fünf Bundesländer. Die begeisterte Kontakt- und Kreativ-Frau ist Mutter von zwei Töchtern und Großmutter einer Enkelin. Vor 10 Jahren entdeckte sie die lebensverändernde Kraft des Moodboards für sich. Dieses Tool half ihr, sich nach einer Krankheit neu zu orientieren, zu motivieren und Dinge anzugehen, die ihr Herz berühren. 2014 erschien ihr erstes Buch »Verführerisches Zypern – eine kulinarische Reise«, das sie als Herausgeberin mit ihrem Team in zwei weiteren Sprachen veröffentlichte. Das Werk wurde mit sieben Awards prämiert.